KB150730

십대들이여,
진로를 탐하라

십대들이여, 진로를 탐하라

(4차산업혁명시대의 진로 선택과 진로 탐색 콘서트)

[행복한 청소년®] 시리즈 No. 06

지은이 ㅣ 권소라
발행인 ㅣ 홍종남

2018년 5월 18일 1판 1쇄 발행
2018년 9월 28일 1판 2쇄 발행**(총 6,000부 발행)

이 책을 만든 사람들
책임 기획 ㅣ 홍종남
북 디자인 ㅣ 김효정
교정 교열 ㅣ 주경숙
제목 ㅣ 구산책이름연구소
출판 마케팅 ㅣ 김경아

이 책을 함께 만든 사람들
종이 ㅣ 제이피씨 정동수 · 정충엽
제작 및 인쇄 ㅣ 천일문화사 유재상

펴낸곳 ㅣ 행복한미래
출판등록 ㅣ 2011년 4월 5일. 제 399-2011-000013호
주소 ㅣ 경기도 남양주시 도농로 34, 부영e그린타운 301동 301호(다산동)
전화 ㅣ 02-337-8958   팩스 ㅣ 031-556-8951
홈페이지 ㅣ www.bookeditor.co.kr
도서 문의(출판사 e-mail) ㅣ ahasaram@hanmail.net
내용 문의(지은이 e-mail) ㅣ 26sorakwon@naver.com
※ 이 책을 읽다가 궁금한 점이 있을 때는 지은이 e-mail을 이용해 주세요.

ⓒ 권소라, 2018
ISBN 979-11-86463-33-8
〈행복한미래〉 도서 번호 064

※ [행복한 청소년®] 시리즈는 〈행복한미래〉 출판사의 청소년 브랜드입니다.
※ 이 책은 『서울대 8인의 진로콘서트』의 장정개정판입니다.
※ 이 책은 신저작권법에 의거해 한국 내에서 보호를 받는 저작물이므로 무단 전재 및 복제를 금합니다.

십대들이여,
진로를 탐하라

| 권소라 저 |

행복한미래

:추천의 글:

공부를 하는 것이 내 꿈에 대한 예의
(KBS 정다은 아나운서)

"이 책은 열심히 공부를 하는 것이 내 꿈에 대한 예의라고 말합니다."

"어떻게 해야 아나운서가 될 수 있어요?" 호기심 가득한 눈빛이 저를 쳐다보며 묻습니다. 학생들을 만나러 가는 자리에 서면 여지없이 듣게 되는 질문입니다. 정해진 공식이 없을뿐더러 내가 살아온 과정을 그 자리에서 구구절절 설명할 수도 없는 노릇이기에, 저에겐 항상 어려운 질문입니다. '내가 그런 얘기를 할 자격이 있나?' 하는 의문도 듭니다. 어렸을 때부터 아나운서가 되기 위해 꿈을 세우고 정답처럼 한 단계 한 단계 밟아온 것은 아니기 때문입니다.

하지만 돌이켜 생각해보면 차근차근은 아니었지만 막연하게나마 나의 진로를 꿈꾸면서 이 길을 위한 징검다리를 놓던 순간들이 있었습니다. 내 인생의 그림을 그리는 데 중요한 순간과 선택들이 있었고, 미래를 좌우하는 습관들과 계획들이 있었습니다. 저 자신도 한 번에 설명하기는 어려웠던 그런 방법과 팁들을, 이 책 『십대들이여, 진로를 탐하라』는 세심하게 알려주고 있습니다. 당장 꿈은 멀게만 느껴지고, '무엇을 해야 하지? 왜 해야 하지?'라는 의문이 드는 순간 이 책은 방향을 제시해줄 수 있을 것입니다.

멘토가 돼주는 책

지금 여러분의 학창시절 혹은 인생 전반에 걸쳐 어떤 문제든 물어볼 수 있는 멘토가 있는지 묻고 싶습니다. 누구에게나 어려운 고민의 순간이 있을 것이고, 결정의 순간도 올 것입니다. 저의 경우엔 대입수능시험 성적이 낮게 나와서 재수를 결정해야 했을 때 친한 사촌오빠에게 전화를 걸어 한 시간이고 두 시간이고 푸념 비슷한 상담을 하기도 했었고, 대입구술면접을 앞두고는 한 번 본 적도 없는 엄마 친구 따님(진짜 엄친딸)에게 면접요령에 대한 자문을 구하기도 했었습니다. 다들 최선을 다해 도움을 주었고 참 고맙다는 마음과 함께, 한편으론 이렇게 의지할 수 있는, 조금 먼저 이 길을 걸어본 언니 오빠가 항상 곁에 있다면 얼마나 좋을까 하는 생각도 들었습니다. 중·고등학교 때 열심히 공부해야 하는 이유부터 진로에 대한 팁, 그리고 실패해도 괜찮다고 다독여주기까지 하는 이 책은 꼭 그런 언니 오빠를 닮았다고 느껴집니다.

나를 찾아가는 길

입시 위주의 교육, 끝도 없는 경쟁과 성적 지상주의가 신물이 나기도 합니다. 그런데 이 책은 열심히 공부를 하는 것이 내 꿈에 대한 예의라고 말하기도 합니다. 성적을 위해서가 아니라 '나'를 위해 열심히 하는 것입니다. 방향과 이유를 찾지 못한 채 입시 위주의 교육에서 무작정 시키는 대로만 따라가다가는 '나'를 잃기 쉽습니다. 정말로 내가 원하는 게 뭔지, 좋아하고 잘하는 게 뭔지 아는 게 무엇보다 중요합니다.

분명한 건 한 번 잃어버린 '나'는 언젠가는 꼭 되찾아야 한다는 것입니다. 다른 누군가에게 휩쓸려 가는 미래가 아닌, 내가 만드는 미래를 그려나가길 바랍니다.

정다은

'행복한' 청소년, 꿈을 찾는 여정에서 시작된다'

2010년 11월, '대한민국의 모든 청소년들이 꿈을 찾는 그날까지'라는 비전을 가지고 서울시 비영리민간단체 드림컨설턴트가 탄생했습니다. 현재까지 8년 동안 약 2천 명의 멘토들이 3만 명 가까운 청소년들을 멘토링하며 '꿈'에 관해 소통해왔지요. 맹목적인 학습에서 의미를 찾지 못한 채 인생에 대해 막연한 두려움을 가지고 있는 청소년들을 만나 우리의 작지만 비슷했던 경험들을 나누었습니다. 그리고 그 청소년들 가운데 일부는 몇 년 새 성장하여 멘토가 되었고, 후배들에게 소중한 이야기들을 다시 전하고 있습니다.

이 책을 쓴 저자들 역시 순탄하지 않은 학창시절을 보냈습니다. 정도와 시기는 다르지만 치열한 경쟁이 일상인 한국의 교육현실을 겪으며 나름의 방황을 했지요. 하루에 14시간 이상 성적을 올리기 위해 매진하고, 친구보다 더 나은 등수와 등급을 받으려고 달려온 그 시간들이 전혀 의미가 없었던 것은 아닙니다. 하지만 그때마다 주변에서 들었던 '학생은 공부를 해야 해, 좋은 대학교만 가면 모든 문제가 해결될 거야, 성공하려면 공부를 잘해야지'라는 말들이 유일한 정답은 아니었음을 거듭 발견하고 있습니다.

성인이 된 후 '무한한 자유'가 주어지면 다시 방황은 시작됩니다. 내가 진정으로 원하는 것이 무엇인가를 계속 고민해보고 찾아보는 습관을 들이지 않는다면 어느 날 갑자기 그런 생각을 잘하게 될 리 만무합니다. '내가 진정으로 원하는 것'이야말로 우리가 이야기하는 '꿈'입니다. 거창하지 않아도 괜찮습니다. 직업의 형태로, 활동의 형태로, 관계의 형태로 나타날 수도 있겠지요. 저자들은 조금이라도 어릴 때부터 이러한 인생의 방향에 대해 생각해보기를 바라는 마음으로 이 책을 썼습니다. 자신에게 소중한 가치가 무엇인지 알게 되면 수많은 선택의 순간이 덜 힘겹게 느껴지기 때문입니다.

저자로서 아주 다행스러운 점은 대한민국의 교육 분위기가 학생들 각자의 개성과 관심사를 발견하게 도와주는 방식으로 조금씩 바뀌어가고 있다는 점입니다. 친구와의 경쟁에서 이기는 것이 아니라 어제의 나보다 발전한 오늘의 나에게 자부심을 느끼는 것이야말로 행복한 청소년이 되는 방법이라고 생각합니다. 다양한 경험은 시야를 트이게 해주고 이해의 폭을 넓혀줍니다. 어느 분야에 관심이 있든 그 분야에 대해 깊이 알기 위해서는 공부가 필요하고 그때 비로소 공부의 재미를 느끼게 될 것입니다.

이 책을 읽는 모든 분들이 '자신을 발견하기 위한 여정'에 오르기를 희망합니다. 그리고 그 여정 속에서 여러분의 삶이 풍성해지기를 또한 바랍니다. 만약 이 책이 하나의 길잡이로서 작은 도움이 된다면, 언젠가 여러분의 소중한 경험 역시 후배들을 위해 나누어주고 싶어지리라 생각합니다.

권소라

차례

|**추천의 글**| 열심히 공부하는 것이 내 꿈에 대한 예의

　　　　　(KBS 정다은 아나운서) • 4

|**프롤로그**| '행복한' 청소년, 꿈을 찾는 여정에서 시작된다 • 7

PART 1

설레지만 고민되는 한 글자: 꿈

01| 꿈은 행복을 주는 백지수표다 • 16

02| 꿈은 나만의 조각보를 만들어가는 것이다 • 21

03| 내가 입기에 빛나는 옷을 찾아라 • 25

04| 꿈 찾기의 출발점, 새로운 경험을 시작하라 • 29

05| 같은 길도 생각에 따라 전혀 다르게 걸을 수 있다 • 34

06| 성적 때문에 꿈을 포기하는 것만큼 부끄러운 일은 없다 • 38

07| 절박함만이 꿈을 현실로 만든다 • 42

08| 꿈에 대한 나만의 정의를 내려라 • 46

진로 톡! Talk? 대학생이 될 당신에게 강력 추천하는 활동 • 52

PART 2

진로(進路)? 꿈을 향한 길, 멀지 않은 길

01│ 꿈을 항상 눈에 보이는 곳에 두어라 · 62

02│ 1분마다 인생을 바꿀 수 있는 기회가 찾아온다 · 66

03│ 집중력, 당근과 채찍이 답이다 · 71

04│ 책상 앞에 앉아있는 시간보다 집중하는 시간을 늘려라 · 76

05│ 위기에 대처하는 네 가지 마음가짐 · 78

06│ 재밌는 이야기에는 언제나 우여곡절이 많다 · 83

07│ 멘토는 가까운 곳에 있다 · 87

08│ 조급함은 슬럼프를 해결해주지 않는다 · 90

09│ 슬럼프와의 전쟁에서 이기는 방법 · 92

PART 3

학업은 꿈을 위한 최소한의 예의

01│ 내 꿈에 필요치 않은 공부는 과감히 버려라 · 98

02│ 언제까지 남에 의해서 살아갈 것인가 · 104

03│ 자기주도 학습이 정답이다 · 107

04│ 예체능, 전략적으로 두 가지 토끼를 잡아라 · 111

05│ '열심히'는 사람마다 차이가 있다 · 114

06│ 나의 공부법은 매일 진화한다 · 117

07│ '겉핥기'로는 성공할 수 없다 · 121

08│ 고득점을 향한 갈증을 해소하는 노하우 · 127

09│ '입력'과 '저장'을 전략적으로 활용하라 · 133

진로 톡! Talk? 대학생활에 대해 얼마나 이해하고 있을까?

대학생활지수 알아보기! · 138

PART 4
전공 선택의 무게에 눌리지 않는 방법

01 | 문·이과의 선택, 신중해야 하는 이유 • 144

02 | 10년 후 내 인생을 그려보라 • 148

03 | 내가 좋아서 선택하는 길 • 152

04 | 전공 선택, 이것만은 알고 하자! • 155

05 | 이 학문이 내게 어떤 의미인지를 먼저 정하라 • 161

06 | 간판 따라 대학가기 vs 소신 따라 대학가기 • 165

07 | 점수 맞춰 가는 것이 꼭 틀린 것은 아니다 • 170

08 | 우물 안 개구리에서 벗어나는 특별 활동 • 174

09 | 학과 홈페이지에 길이 있다 • 177

10 | 전공 교수님을 공략하는 방법 • 181

진로 톡! Talk? 온라인 서점의 정보를 적극 활용하라 • 186

PART 5
전공과 직업, 비슷한 듯 다른 관계

01 | 전공 선택이 무거운 이유 • 192

02 | 전공 선택에 쓰는 시간을 아끼지 말아라 • 196

03 | 직업 선택 노하우, 그것어 알고 싶다 • 201

04 | 좋은(good) 직업 말고 잘 맞는(fit) 직업 • 205

05 | 내 꿈의 높이는 내가 정한다 • 210

06 | 편견, 깨고자 하면 깨질 것이다 • 214

07 | 현실과 재능 사이에 노력이라는 다리가 있다 • 218

진로 톡! Talk? 대학생활에 대한 환상 vs 현실 • 222

책속의 책

눈물의 시간, 성장의 기회

01 | 인생을 결정하는 데 3년은 매우 짧은 시간이다 · 230

02 | 후회하지 않는 사람은 없다 · 234

03 | 흔들리지 않고 피는 꿈이 어디 있으랴 · 238

04 | 돌다리도 건너본 사람이 잘 건넌다 · 241

05 | 부모님의 기대보다 나 자신의 기대를 키워라 · 245

06 | 기대에 쓰러지기 전에 부모님께 먼저 표현하라 · 249

07 | 재수에 대한 프레임을 바꿔라 · 254

08 | 이제 겨우 아침 6시, 아직 눈뜨지 않았다 · 258

| 에필로그 | 십대들이여, 꿈의 지도와 함께 진로를 탐하라! · 262

PART 1

설레지만
고민되는 한 글자: 꿈

01.

꿈은 행복을 주는 백지수표다

'꿈'이란 무엇일까? 이 흔한 단어에 편견을 가진 사람들은 '꿈이란 가지고 싶은 직업'이라고들 생각한다. 학교에서도 "넌 꿈이 뭐니?" 대신 "장래희망이 뭐니? 나중에 커서 뭐가 되고 싶니?" 하고 물어본다. 우리의 머릿속에 '꿈=직업'이라는 공식이 '1+1=2'처럼 하나의 진리로 자리 잡고 있는 것이 당연할지도 모른다. 하지만 과연 그것이 진리일까? 이것이 진리라면 조금은 슬프다. 여러분도 알다시피 시대가 변함에 따라 어떤 직업은 사라지고 어떤 직업은 새로 생겨나기도 한다. 그 속도는 우리가 파악하고 있는 것처럼, 어쩌면 우리가 파악하기 어려울 만큼 빠르다. 만약 '꿈=직업'이라면 순식간에 누군가의 꿈은 사라지고, 누군가의 꿈은 새로 만들어지기도 한다는 뜻이 된다. 하지만 꿈이 여러 번 변할 수는 있을지라도 우리의 의지와 상관없이 사라지고 만들어지는 것은 아니다. 그래서 "꿈은 직업이 아니다."라고 말하고 싶다. 그 대신 "꿈은 하고 싶은 것이다."라고 말하려 한다. 물론 '하고 싶은 것'

이 '직업'으로 귀결될 수는 있다. 그러나 특정한 직업을 가진 사람이 되고 싶다면 그 전에 '하고 싶은 계기와 동기'를 생각해보는 시간을 꼭 가져야 한다는 것이 나의 생각이다.

예를 들어 '꿈=직업'이라고 생각하는 사람은 '내 꿈은 변호사가 되는 것'이라고 생각한다. 하지만 앞에서 말했던 것처럼 변호사라는 직업은, 시대가 변함에 따라 사라질 수도 있다. 그 순간 '변호사가 되겠다'는 누군가의 꿈이 사라지는 것이다. 하지만 '꿈이란 하고 싶은 것'이라고 생각하는 사람이라면 변호사라는 직업이 없어져도 그의 꿈은 변하지 않는다. "내 꿈은 법을 잘 알지 못하는 사회적 약자를 도와서 그들이 법에 대한 무지로 인해 피해를 받지 않도록 하는 것이다."라고 말하는 사람이기 때문이다. 이 사람이라면 직업이 변호사가 아니어도 된다. 특정한 이유로 변호사를 선택할 수도 있지만 법을 잘 알지 못하는 사회적 약자에게 도움을 주겠다는 자신의 꿈을 이루기 위해 선택할 수 있는 직업은 다양하기 때문이다.

TV나 책 등 여러 매체에서 '꿈을 가지고, 이루기 위해 노력하라'고 한다. 이것을 우리가 앞에서 정의한 대로 바꿔 말하면 '하고 싶은 일을 하라'가 되겠다. 하지만 사실 멘토링 과정에서 멘티들에게 이렇게 말하면 "하고 싶은 일이 뭔지도 모르겠는데, 어떻게 하고 싶은 일을 하나요?"라고 묻는다. 내 대답은 "하고 싶은 일이 없다면 반드시 찾고, 찾았다면 반드시 하라."이다. 가끔 "하고 싶은 일과 하고 싶지는 않더라도 잘하는 일이 다른데, 하고 싶은 일을 해야 하나요?"라고 묻는 사람이 있다. 하고 싶지 않은 일을 하는 것은 잔소리를 듣는 것만큼이나 괴롭다.

남녀노소 불문하고 누구나 잔소리 듣는 것을 싫어한다. 그리고 수험생이 가장 많이 듣는 잔소리는 "공부해."일 것이다. 다들 그렇겠지만 공부하고 싶을 때조차 공부하라는 잔소리를 들으면 하기 싫어지기 마련이다. 특히 좀 쉬고 싶을 때 듣게 되는 이 잔소리는 죽으라는 말만큼이나 가혹하게 느껴지기도 한다. 하고 싶지 않은 일을 하는 것은 잔소리를 들으며 주체적이지 못한 채로 시간을 보내는 것과 조금도 다르지 않다.

우리의 삶을 생각해보자. 하고 싶은 일을 몰라서 또는 하고 싶은 일이 잘할 수 있는 일이 아니기 때문에, 생활에 필요한 재화를 사는 데 필요한 돈을 벌기 위해 반강제적으로 어떤 일을 하게 되는 상황을 가정해보자. 하루 일과 중 60% 이상 그 일을 해야 한다. 어떨까? 상상이 되는가? 그 고통은 아마 '공부하라'는 잔소리를 하루에 8시간 동안 듣는 것과 같을 것이다. 잔소리는 귀를 막거나 그 자리를 피하면 되지만 생계가 걸린 일은 피할 수조차 없으니 그 고통은 더욱 배가될 수밖에 없다.

피할 수 없으면 즐기라지만, 피할 수 있는데 왜 고통을 참고 있는가?

반대로 하고 싶은 것을 꿈으로 정하고 실제로 하고 싶은 일을 하는 것은 간만에 의욕이 넘쳐 하기 싫던 공부가 잘되는 것처럼 스스로도 뿌듯하고 집중도도 높다. 그것이 생각했던 것보다 많은 시간과 노력을 요구하고 피로를 줄지라도 말이다. 내가 하고 싶은 것은 '꿈꾸는 사회를 만드는 일'이다. 이 꿈을 이루기 위해 학자로서 교육에 관한 연구를 계속해서 새로운 교육 이론을 만드는 방법도 있고, 교육 제도를 수정할 수 있는 위치에 올라 꿈을 강조하는 교육을 실현하게 하는 등의 방법이 있을 수 있다. 그리고 내가 현재 활동하고 있는 '드림컨설턴트'라는 단체에서도 이룰 수 있는 꿈이다.

드림컨설턴트의 비전은 '대한민국 모든 청소년들이 꿈을 찾는 그날까지'이다. 청소년들이 꿈에 대해 고민할 기회를 만들어주고 자체 제작한 프로그램으로 멘토링도 진행한다. 여름방학과 겨울방학에 진행하는 2박 3일간의 멘토링 캠프는 캠프 일정을 준비하고 진행하는 과정이 결코 쉽지 않다. 좋은 멘토링을 위해 같이 준비하는 사람들과 머리를 맞대고 회의도 수차례 해야 하고, 계획했던 것과 다르게 흘러가는 일정과 돌발 상황 때문에 정신없기 일쑤다. 첫 캠프에서는 애초에 계획했던 조 편성과 멘티들의 이름표에 적혀 있는 조 편성이 달라서 시작하기도 전에 우왕좌왕하기도 했다.

누군가 시켜서 하는 일이었다면 극도의 스트레스로 일을 망칠 수도 있는 상황이었지만, 하고 싶은 일이었기에 침착히 상황을 판단하고 일도 잘 처리했다. 이후에도 크고 작은 해프닝들이 있었지만 내가 하고 싶은 일이었기에 즐기면서 할 수 있었다. 이 책을 읽고 있을 당신도 하고 싶은 일, 예를 들면 친구들과 수다 떨기, 밀린 드라마 보기, 온라인 게임하기 등을 할 때 없던 힘도 생기고, 불굴의 집중력을 발휘하게 되지 않는가? 그때는 절로 '행복하다'는 감정이 생기지 않던가? 여러분이 하고 싶은 일을 하게 된다면 매일매일 그런 기분을 느낄 수 있다. 내가 멘토링 캠프에서 겪은 그 기분을 말이다.

우리는 행복해지기를 원한다. 우리가 하는 일에 따라 행복을 측정하여 측정된 만큼의 행복을 주는 수표를 받을 수 있다고 가정해보자. 자신이 하고 싶은 일에 대해 고민의 과정도 거치지 않고 다른 사람이 시키는 대로 하는 사람에게는 가장 낮은 액수의 행복수표가 지급된다. 하고 싶지만 잘하는 일이 아니라서 잘할 수 있는 일을 선택한 사람은 비교적 높은 액수의 행복수표를 받을 수 있다. 하고 싶지는 않지만 잘하는 일이기 때문에 남들에게 인정받을 수는 있기 때문이다. 그렇다면 최고 액수의 행복수표를 지급받는 사람은 누구일까? 당연히 자신이 하고 싶은 일을 정확히 알고 있고, 그 꿈을 향해 꿋꿋이 걸어가 하고 싶은 일을 하며 사는 사람이다. 물론 스스로 개척하는 길은 상당한 시간과 노력을 요구한다. 하지만 '하고 싶은 일을 하는 사람'은 그 길이 아무리 힘들더라도 불행이라 생각하지 않는다. 산에 오를 때 산의 정상에 가까워질수록 경사가 급한 만큼 고통도 거지지만 이는 곧 정상에 도달한다는 신호이다. 마찬가지로 더 많은 노력이 요구되어 힘들지만 그것을 곧 자신의 꿈이 실현되고 있는 중이라는 의미로 받아들인다. 그리고 마침내 그 꿈을 이루었을 때 값을 매길 수 없는 행복을 느낄 것이다. 이 사람은 어떤 행복수표를 받게 될까? 아마도 '행복백지수표'를 지급받을 것이다. 당신은 어떤 행복수표를 받고 싶은가? 심규승인

02

꿈은 나만의 조각보를 만들어가는 것이다

어떤 물건을 가지고 싶다고 간절히 바란 적이 있을까? 비싸서 혼자서 사긴 어렵고 부모님의 도움을 빌려야 하는 그런 물건 말이다. 아주 어린 시절, 장난감 가게 앞에서 넋을 놓고 인형이나 로봇을 바라보던 경험이 누구나 한 번쯤 있을 것이다.

요즘이라면 최신 스마트 기기를 정말 갖고 싶다고 가정해보자. 앉으나 서나 그 기기를 사용하는 나를 상상하게 된다. 공부할 때도 문득 떠오르고 잠들기 직전에 천장을 바라보면서도 그것이 둥둥 떠다니는 느낌이다. 길을 걷거나 텔레비전을 볼 때도 왠지 그와 관련된 광고들만 눈에 띈다. 어쩌면 하루에 열두 번도 더 그와 관련된 정보를 검색하고, 어디에서 사면 가장 좋은 품질의 제품을 가장 싸게 살 수 있는지 줄줄 꿰고 있을 수도 있다. 만약 어떻게든 공부와 연관 지어 엄마를 설득할 수 있다면? 공부 잘하는 친구를 팔아서라도 부모님을 설득하려고 열심히 애쓸 것이다.

상상만 해도 설레는 것, 그것이야말로 마음이 그대에게 보내는 신호이다. 단순히 희망하고 염원하는 것 이상으로 무엇인가에 대해 생각할 때 두근두근하고 나도 모르게 미소 지어지는 것, 그 모습의 나를 상상했을 때 진심을 다해 기쁜 것, 나를 설레게 하는 그 모든 것이 꿈이 될 수 있다. 지금껏 길지 않은 내 인생에서 나를 가장 설레게 했던 꿈을 생각해보면 재미있고 특별한 대학생활을 하는 것이었다. 조금 유난을 떠는 것처럼 보일 수도 있겠지만, 나는 내가 바라는 나의 모습을 포스트잇에 적어두고 그것이 이루어졌을 때를 마음껏 상상하면서 심장이 쿵쾅쿵쾅 뛰는 경험을 했고 눈물도 흘렸다. 꿈이 뚜렷하고 구체적일수록 이렇게 행복한 상상을 하는 것이 쉽다. 또 같은 상상을 여러 번 하면 할수록 그 행복감을 더 빨리 느낄 수 있었다.

세계 각지를 여행하는 것이 내가 꿈꾸었던 대학생활의 첫 번째 모습이었다. 재수를 하는 1년 동안 도서관에서 읽은 여행 관련 서적만 해도 30권 정도에 이른다. 책을 읽으며 뉴욕이나 파리 같은 대도시에서 야경을 즐기고, 히말라야도 등반해보고, 동남아시아에서 스쿠버 다이빙을 하고, 시베리아 횡단열차를 타는 것만 같은 생생한 상상을 했었다. 사진을 보면서 그 상상은 강렬해졌다.

지겨운 대학입시 공부만 하니 배우고 싶은 게 정말 많았다. 특히 베이킹(baking)을 정말 배우고 싶어서 휴일에는 인터넷에 돌아다니는 동영상을 참고해 간단하게 쿠키를 굽기도 했다. 베이킹을 하는 순간만큼은 잡념이 사라져서 정말 즐거웠다. 기념하고 싶은 날 직접 뭔가를 만들어 사랑하는 사람들에게 선물하는 나를 상상했다. 세계 여행과 베이킹은 대학교에 입학한 이후에도 앞으로의 인생 동안 꾸준히 실천하고 싶은 꿈이다. 상상하는 것만으로도 즐겁고 설레는데, 직접 한 번 해 보니 그 매력에 더욱 빠져버렸기 때문이다!

설렌 적이 없다면 최소한 설레어본 사람들의 이야기를 들어볼 것을 권한다. 요즘에는 방송에서도 쉽게 그런 이야기를 찾을 수 있다. 그들이 어떤 것에 설렜고 어떤 경로로 그것을 발견했는지 알아보는 것이다. 가능하다면 직접 경험해보는 것이 더 좋다. 자신의 마음이 언제 신호를 보내는지 주의를 기울였다가 잘 포착하기를 바란다.

꿈은 조각보이다

조각보는 여러 색깔의 천 조각을 이어서 만든 보자기이다. 모양도 크기도 색깔도 다른 천 조각들이 조화를 이뤄 아름다운 무늬를 만든다. 꿈이 무엇이냐고 누군가 물었을 때, 대답하기 막막한 이유는 꿈이란 원대하고 그럴듯한 것이어야 한다고 무의식중에 생각하기 때문이 아닐까? 하지만 마음의 소리에 귀를 기울이다 보면 크고 작은 꿈들이, 금방 이룰 수도 있고 천천히 오랫동안 이뤄야 할 수도 있는 꿈들이, 혼자 할 수도 있고 다른 사람들과 함께 해야만 할 수도 있는 꿈들이 하나 둘 모습을 드러낼 것이다. 꿈의 한 조각이 그와 어울리는 다음 조각을 찾게 도와줄 수도 있다. 어쩌면 꼭 필요한 소중한 조각을 우연히 발견할 수도 있다. 이렇게 자연스럽게 엮어지는 것이 나만의 꿈을 만들어가는 과정이고 나만의 인생을 살아간다는 의미이다.

이 글을 읽은 독자들이 어느 누구보다도 스스로에게 집중하고 마음에 귀를 기울여, 각자 고유의 아름다운 무늬를 드러내는 꿈 조각보를 만들 수 있기를 바란다. **권소라인**

03

내가 입기에 빛나는 옷을 찾아라

"너는 꿈이 뭐니?"라는 질문을 한 번쯤은 받아보았을 것이다. 우리는 어린 시절 부모님으로부터, 친척어른들로부터, 유치원 선생님으로부터 이런 질문을 많이 듣고 자란다. 그리고 이런 질문을 던진 어른은 보통 "대통령이 될 거예요, 멋진 의사가 될 거예요, 선생님이요." 같은 답을 기대하곤 한다. 그렇기 때문에 우리는 아무런 의심 없이 꿈은 되고자 하는 직업이라고 생각하게 되었다. 하지만 질문을 던져볼 필요가 있지 않을까? '꿈은 무엇일까? 정말로 직업이 꿈일까? 되고자 하는 직업이 있다면 꿈이 있다고 할 수 있는 것일까?'라고 말이다.

만약 직업이 꿈이라면, 나는 참 많은 꿈을 가졌었다. 때로는 사람들을 감동시킬 소설을 쓰는 낭만적인 작가를 꿈꾸었고, 크고 멋진 건물을 짓는 건축가가 되고 싶기도 했으며, 수술을 잘하는 실력 좋은 의사가 되겠다고 다짐하기도 했고, 임상심리치료사의 매력에 한껏 빠지기도 했었다. 물론 동시에 여러 개의 꿈을 가지고 있던 적도 있었다. 그러다 고등학교에 입학한 후에는 변호사라는 꿈에 이르렀다. 사회적인 지위도 높고 멋진 데다가 하는 일을 살펴보니 적성과도 맞겠다는 생각이 들었다. 그리고 이 꿈은 고등학교를 졸업하고 재수를 하고 대학에 입학할 때까지 꽤 오랫동안 마음속에 담겨 있었다. 하지만 어느 날 이 꿈이 아니었던 꿈은 사라졌다. 스스로에게 '꿈이 뭐지?'라는 질문을 던지면서부터이다.

'내 꿈이 뭐지? 내 꿈은 정말 변호사일까?
그렇다면 변호사 자격증을 얻고 나면 나는 꿈을 이룬 것일까?
변호사가 되고 나면 꿈을 이룬 나는 무엇을 할까?
또 다른 꿈을 찾아야 하나?
일단 이루고 다른 목표를 찾아 그것을 꿈이라고 부르면 될까?
그럼 꿈이 직업은 아닌 것일까? 꿈은 무엇이지?'

이런 생각들이 꼬리에 꼬리를 물고 이어졌다. 결국 단순히 변호사라는 직업을 꿈이라고 부를 수는 없겠다는 생각을 했고, 변호사가 되어 무엇을 하고 싶은지를 고민하는 시간을 가졌다. 변호사가 쓴 여러 책도 읽어보고, 실제 법조계에 계신 분들을 만나 이야기도 들어보면서 변호사가 되어 무엇을 이루고 싶은지를 깊이 있게 고민했다. 그런데 이 직업 속에서 10년 후의 내가, 20년 후의 내가 무엇을 하고 있을지 그려나갈 수가 없었다. 꽤 오랜 시간 마음속에 담아두던 '꿈이라 부르던 것'이 사라진 그 절망감은 아직도 생생하다. 도대체 꿈이란 무엇일까? 여러 고민과 시행착오 끝에 내가 내린 답은, 꿈은 이루는 것이 아니라 이루어나가는 것, 즉 '현재 진행형'이라는 것이었다. 그런 의미에서 직업은 '도달해야 할 어딘가'가 아닌, 어떤 곳에 도달하기 위해 '내가 입고 갈 옷'이고 꿈은 이 옷을 입고 내가 살게 될 삶이라는 생각이 들었다.

나에게 맞는 옷 고르기

우리는 옷을 살 때 마네킹에 입혀진 예쁜 옷을 고르는 실수를 저지르기 쉽다. 마네킹이 입어서 예쁘게 보이는 옷을 내가 입었다고 해서 예쁜 것은 아닌데도 말이다. 직업 선택도 마찬가지이다. 이 세상에 멋지게 보이는 직업은 참 많지만, 다른 누군가의 멋있는 직업이 아니라 나에게 꼭 맞는 직업을 찾아야 한다.

그렇기 때문에 꿈이라는 단어 앞에는 항상 붙어야 할 말이 있다. 바로 '나의'라는 말이다. 꿈은 그것이 '나의 꿈'일 때 의미가 있다. 나는 꿈을 생각하면서 바로 '나 자신'이라는, 소중한 꿈을 안고 갈 가장 중요한 존재를 고민하지 않았었다. 그렇기 때문에 '변호사'라는 옷을 사와 거울 앞에서 대보면서 이것이 정말 어울리는 것이 맞나 고민했던 것이다.

한 직업을 놓고 이 직업이 좋은지, 멋있는지를 묻는다면 "yes."라고 대답할 직업은 이 세상에 아주 많다. 옷가게에 있는 옷 중 예쁜 옷이 한둘이 아닌 것처럼 말이다. 하지만 그 답이 'yes'라고 해서 그 직업이 모두 내게 맞는 꿈이 될 수는 없다. 옷가게에서 '나'에게 가장 잘 어울리는 옷을 찾아야 하는 것처럼 꿈도 '나'라는 사람에게 잘 어울리는 꼭 맞는 것을 찾아야 한다.

또 하나 중요한 것이 있다. 내가 그 옷을 입고 어디서 무엇을 할지를 생각해야 한다. 아무리 예쁘고 멋진 청바지라도 운동할 때라면 그저 불편한 옷일 뿐이다. 그러니 그 옷을 입고 내가 무엇을 할지를 고려해서 옷을 골라야 한다. 직업 선택도 마찬가지이다. 내가 어떤 직업의 옷을 입고 어떤 삶을 살고 싶은지를 고민해야 한다. 단지 나의 흥미와 적성에 맞는 것 이상으로 이 직업을 가지고 살아갈 미래의 내가 어떤 것을 원하는 지를 생각해보아야 한다.

직업과 관련된 것을 직접 경험해보기 어려운 청소년기에는 이 모든 것이 어려울 수 있다. 어떤 직업을 가지게 될지도 불확실한 상황에서 그 직업을 가지고 무엇을 이루고 싶은지 어떠한 삶을 살고 싶은지까지 고민해야 하나라는 생각에 더 막막하게 느껴질 것이다. 막막함 끝에 꿈이 없다는 절망감을 느끼게 될지도 모른다. 하지만 조금 돌아가더라도, 그래서 시간이 더 걸리더라도 나에게 어떤 옷이 어울리는지 그 옷을 입고 무엇을 할 것인지를 고민해서 꿈을 찾기를 바란다. 막막하다고 고민하는 것을 주저한다면 지금은 마음이 편할 수 있지만 결국 나중에는 어디로 가야 하는지 방향을 잃게 된다. 그리고 그때부터 다시 고민을 시작해야 한다. 그러니 지금부터 고민하자. 이런 시간들이 나에게 딱 맞는 옷을 입고 내가 원하는 삶을 반짝반짝 빛나게 살 수 있도록 만들 것이다.

04

꿈 찾기의 출발점, 새로운 경험을 시작하라

누구나 어렸을 때부터 "장래희망이 무엇이냐?"는 질문에 어떤 직업이라고 대답해야 할지 고민하며 자란다. 나 또한 자기소개서의 '장래희망' 칸에 어떤 직업 이름을 써넣어야 할지 고민하던 시절이 있었다. 빈칸을 채워야 한다는 압박감에 그 직업이 구체적으로 무슨 일을 하는지, 장단점이 무엇인지, 내가 잘할 수 있는 일인지에 대해서는 전혀 모른 채, 그냥 '사' 자 들어가는 전문직의 이름을 썼던 것 같다.

어느 날 나는 옆 자리에 앉은 짝꿍이 자기소개서 '장래희망' 칸에 자신 있게 '의료선교사'라고 쓰는 것을 보게 되었다. 내가 확신 없이 아무 직업 이름이나 적을 때, 친구는 자신 있게 자신의 꿈을 적는 것을 보니 괜히 부끄러운 마음이 들었다. 그때 나는 짝꿍에게 꿈을 어떻게 찾았는지 물었다. 그러자 친구는 "어렸을 때부터 꾸준히 해왔던 종교 활동과 봉사 활동 경험에서 확신을 얻었다."고 답했다. 같은 나이에 벌써부터 중요한 경험을 하고 자신의 꿈을 찾은 그 친구가 부러웠다. 그리고 나에게도 그런 특별한 경험이나 계기가 얼른 찾아왔으면 하고 간절히 바랐다. 꿈을 어느 날 운명처럼 찾아오는 특별한 사건쯤으로 생각했던 것 같다. 내가 꿈을 찾는 것이 아니라 꿈이 나에게 찾아오는 것처럼 말이다.

청소년들에게 꿈 멘토링을 여러 번 하다 보니, 꿈이 없어서 고민이라고 말하는 많은 청소년들이 그 시절의 나와 비슷한 생각을 하고 있다는 것을 알게 되었다. 꿈이 있는 친구와 비교했을 때 꿈이 없는 스스로의 모습을 다소 부끄럽게 여기고, '장래희망' 칸에는 선망받는 직업 이름을 하나 써야 할 것 같은 압박감을 느끼고, 꿈이 어떠한 운명적 사건이나 계기로 인해 찾아온다고 여기는 친구들이 생각보다 많았다. 나도 그러한 초조함과 왠지 모를 결핍감을 겪어본 사람으로서 꿈이 없는 학생들이 느낄 복잡한 감정들에 공감한다. 그리고 그 시절을 지나 현재 꿈을 찾은 사람으로서 청소년기에 꿈이 확고하지 않은 것은 어쩌면 당연한 일이라는 말을 해주고 싶다.

"아는 만큼 보인다."라는 말처럼 자신을 많이 알수록 꿈이 무엇인지 보이는 법이다. 꿈을 찾으려면 자신이 무엇을 잘하는지, 못하는지, 무엇을 재미있어 하는지, 재미없어 하는지, 무엇에 가슴 뛰는지, 무엇에 마르지 않는 행복함을 느끼는지를 스스로 알아야 한다. 그러기 위해서는 각양각색의 '무엇들'을 직접 경험해보아야 한다. 축구, 노래, 요리, 여행, 말하기, 글쓰기 무엇이든 상관없으니 일단 경험하고 부딪쳐보고, 실패 또는 성공해보면서 자신을 알아가야 한다.

여러분이 아는 것, 경험한 것들을 나열하면 얼마나 될까? 학교나 학원에서 공부하는 시간, 친구들과 수다를 떨거나 노는 시간, 운동하는 시간 등 그 시기의 청소년들이 당연히 할 법한 경험들 말고 그 외의 특별한 경험이나 배움을 5개 이상 말할 수 있을까? 아마 그렇지 못하는 사람들이 훨씬 많을 것이다. 따라서 여러분 중의 대다수는 '자신을 잘 알지 못하는 사람들'이며 이는 곧 '자신의 꿈을 못 보는 사람들'이라는 것을 의미한다. 그러나 여러분이 스스로를 잘 알지 못하는 것은 여러분의 탓이 아니다. 오히려 10대 시절을 같은 공간에서 같은 사람들과 함께 공부만을 하도록 요구하는 환경이, 다양하고 특별한 경험을 쌓는 것을 방해하는 가장 큰 장애물일 수 있다. 그러니 현재 여러분이 스스로를 잘 모르는 것, 꿈을 찾지 못하는 것은 어쩌면 당연한 일일지도 모른다. 간혹 주변 친구들 중에 벌써부터 꿈을 찾고 자신의 꿈을 당당하게 말하는 친구들이 있을 것이다. 그러나 그 친구들조차도 대학 입학 후 다양하고 특별한 경험들을 쌓게 되면서 생각이 변하고 꿈이 흔들리게 될 수도 있다. 오히려 장기간 많은 경험을 쌓으면서 자신을 확실하게 알게 된 사람이 흔들리지 않는 확고한 꿈을 찾아, 그 꿈을 착실히 이루어나갈 확률이 높다. 꿈이 없는 지금을 초조해하지 말고 앞으로 사회에 나가서 어떤 경험을 할지 계획해보면 된다.

지금 당장이라도 자신만의 특별한 경험을 시작할 수 있다. 그러려면 우선 내가 가지고 있는 것을 어떻게 활용해서 무엇을 하고 싶은지 생각해보아야 한다. 거창한 일일 필요는 없다. 아직 꿈이 구체화되지 않았던 고3 시절, 나는 막연하게나마 '타인을 돕는 사람'이 되고 싶다는 생각을 했었다. 그래서 스스로의 여유 시간, 체력, 지식을 활용하여 같은 반 친구들을 소소하게 돕는 활동을 했다.

　가장 기억에 남는 것은 나의 주도 하에 수학 성적이 높은 같은 반 친구 4명과 함께 만든 '간이 수학 교실'이었다. 5명이 각자 하나의 대단원을 맡아 저녁시간마다 고난이도 문제나 빈출 문제를 칠판에 풀이하면서 가르쳐주는 간이 교실이었다. 나는 월요일 저녁 시간마다 수Ⅰ의 수열 문제를 풀어주는 선생님이었다. 간이 수학 교실을 하면서 우리 반의 수학 평균 점수가 올랐을 뿐더러, 친구들끼리 스스럼없이 모르는 것을 질문하고 각자가 아는 것을 공유하고 문제를 풀어주는 분위기가 형성되었다.

　입시가 코앞에 닥친 고3 시절에 새로 시도할 수 있는 경험은 매우 제한적이었지만, 내가 가진 지식, 여유 시간, 체력을 활용해서 같은 반 친구를 도울 수 있었던 경험은 스스로에게 큰 기쁨을 주었을 뿐만 아니라 그 기억이 오래도록 남아 이후의 삶에도 강한 영향을 미쳤다. 막연하게 가지고 있었던 '타인을 돕는 사람이 되자'는 생각을 경험으로 실천해보면서 '타인을 돕는 사람'이 느끼는 감정은 무엇이며, 그 과정에서 힘든 것과 고민은 무엇인지 알 수 있었고 앞으로 나는 어떤 형태로 타인에게 도움을 줄 수 있을지 고민해보면서 막연한 꿈을 구체화할 수 있었다. 그리고 그 시절의 경험 덕분에 4년 동안 청소년들의 꿈을 찾아주는 대학생 멘토이자 드림컨설턴트의 일원인 지금의 내가 있는 것이라고 생각한다.

　그러니 여러분도 '새로운 경험'이라는 단어에 주눅 들지 말고 소소한 일부터 계획해보고 실천해보길 바란다. 일단 본인이 가지고 있는 시간, 체력, 지식을 활용해서 할 수 있는 작은 일부터 목록에 적어보자. 잠들기 전 일기 쓰기, 아침 15분 스트레칭하기, 노래 가사 써보기, 일상의 풍경들이나 친구들의 얼굴을 사진으로 찍기 등 무엇이든 괜찮다. 그 시절의 작은 경험이 남긴 인상들이 대학 입학 후 무엇을 공부하고 어떤 동아리 활동을 하고 어떤 사람들을 만날지 결정하게 될 수도 있으니까 말이다. 조은빛인

05.
같은 길도 생각에 따라
전혀 다르게 걸을 수 있다

얼마 전 처음으로 북한산에 등산을 하러 갔었다. 집 근처 나지막한 산에만 가끔 가다가 높은 산에 오르려니 조금은 긴장되었다. 처음이었기 때문에 일단은 비교적 낮은 비봉이라는 봉우리를 목표로 삼았다. 그러나 비교적 낮다던 그 길은 정말 상상 이상으로 가팔랐고, 등산화가 아니라 일반 운동화를 신어서인지 자꾸 미끄러졌다. 올라가는 동안 수도 없이 멈추어 서서 숨을 몰아쉬며 물을 마셨고, 그때마다 '도대체 언제 정상이 나오는 걸까? 반쯤은 왔나?'라는 생각에 막막했다. 나중에 보니 2시간 정도 걸렸는데, 그때는 20시간은 오르고 있는 것처럼 길게 느껴졌었다. 그렇게 헐떡이며 체력이 바닥날 때쯤 드디어 비봉 바로 밑에 도착했다.

거의 다 온 줄 알았더니 마지막 관문이 남아 있었다. 돌산인 북한산의 비봉은 커다란 바위들로 이루어져 있어서, 미끄러져 떨어지면 아득한 낭떠러지 같이 보이는 곳을 올라가야만 정상에 도착할 수 있다. 정상을 향해 올라가는 동안 자꾸 넘어지는 통에 팔다리가 까졌고 바로 밑이 낭떠러지라는 아득함에 머리가 새하얘졌다. 순간순간 포기하고 싶었지만 결국 덜덜 떨리는 다리로 겨우 정상에 올라섰다. 그곳에서, 내 앞에 펼쳐진 경치는 그저 감동이었다. 저 멀리 한강은 물론 월드컵경기장, 국회의사당, 남산 서울타워 등 유명한 건물들이 한눈에 다 보였다. 그러나 경치 이상으로 여기까지 내가 올라왔구나 하는 뿌듯함은 이루 말할 수 없었다.

며칠 후 비봉을 다시 한 번 올라보았다. 한 번으로는 뭔가 아쉬웠기 때문이다. 두 번째 오를 때는 이전보다 조금 더 몸과 마음에 여유가 있었고, 다 오른 후 보게 될 풍경을 생각하며 "반쯤 올라왔어. 반만 더 가면 돼! 아, 제일 힘든 부분은 지났다! 조금만 더 가면 경치가 좋은 곳이 나오니 거기서 쉬자!" 등의 말을 되뇌며 힘차게 올라갈 수 있었다. 그리고 마지막 관문이었던 돌산도 무서워하지 않고 당차게 올라 전보다 덜 힘들게, 비교적 쉽게 정상에 올랐다. 똑같이 험준한 산이었는데 두 번째는 왜 더 쉽게 올라갈 수 있었을까? 며칠 사이에 다시 오른 것이기 때문에 그 사이 체력이 좋아진 것은 아니었다. 그렇다고 비봉까지 오르는 길이 짧아진 것은 더욱 아닐 것이다. 차이가 있다면 두 번째로 오를 때는 정상에서 볼 경치를 머릿속에 그릴 수 있었고, 그 경치를 생각하며 스스로에게 힘내라고 응원할 수 있었다는 점이다. 또 어디가 힘든지, 이 힘든 부분을 지나면 어떤 길이 나올지 짐작할 수 있었기 때문에 미리 마음의 준비도 할 수 있었다. 이렇게 생각하고 보니 '똑같은 길이라도 어떤 생각을 하느냐에 따라 다르게 걸을 수도 있겠구나.'라는 마음이 들었다.

응원지도를 그려라

꿈을 이루어나가는 과정은 누구나 처음 가보는 길이다. 등산하듯이 한 번 올랐던 길을 두 번, 세 번 갈 수 없다. 그러나 비봉을 두 번째 갈 때 힘들지 않았던 이유를 가만히 들여다보면 꿈을 향한 초행길도 덜 힘들게 갈 수 있지 않을까 하는 생각이 든다. 구체적으로 정상에 올라 보게 될 것을 상상하고, 올라가는 중간중간 내가 얼마나 올라왔는지를 생각하며 스스로에게 응원을 보내는 것이다! 결국 꿈을 이루어나가는 데 가장 큰 장애물은 목표와 과정의 '막막함'이다.

'내가 끝까지 오를 수 있을까?

중간에 포기하고 싶어지면 어찌지?

지금도 힘든데 반은 온 걸까?

얼마나 더 가야 정상이 나올까?

이렇게 힘들게 올랐는데 정상의 경치가 별로면 어쩌지?'

이런 생각들은 힘차게 올라가는 발걸음을 붙잡고 점점 지치게 만든다. 꿈을 생각할 때도 마찬가지이다. 어떻게 이룰지, 이룰 수는 있을지 막막하기만 하다면 그저 지칠 뿐이다. 그러니 꿈을 향한 길이 막막하게 느껴진다면 응원지도를 그려보자. 종이 한 장을 꺼내 가능한 높은 산을 하나 그린다. 산 정상에 깃발 하나를 꽂는 것도 좋다. 다 그린 다음에는 정상 위 하늘에 그곳에 올라 내가 볼 수 있는 것들, 그러니까 꿈을 이루었을 때 얻을 수 있는 것들을 생각나는 대로 다 적어보자. 목표를 적는 것은 중간중간 장애물을 만날 때마다 극복할 힘을 준다.

이번에는 정상까지 오르는 꼬불꼬불한 길을 그린다. 꼬불꼬불 올라가기 힘들어 보이는 길 곳곳에 꿈을 이루어나가는 데 마주칠 장애물들을 굵은 검정색 펜으로 써본다. 미래가 막막한 가장 큰 이유는 어떤 어려움이 있을지 구체적으로 알지 못하기 때문이다. 하지만 무엇이 문제인지, 얼마나 많은 문제가 있는지를 스스로 정확히 안다면 적어도 '막막함'은 사라지게 된다. 앞날을 모두 알 수는 없기 때문에 적기 어려울 수도 있다. 아는 한에서만 구체적으로 적어도 괜찮다. 자, 마지막으로 밝은색의 펜을 들어 장애물들 옆에 스스로를 응원하는 메시지를 가득 적어보자. 힘들기는 하겠지만 이겨낼 수 있다고, 조금만 더 가면 되니 힘내라고 적는 것이다.

이렇게 막연했던 꿈을 구체화하고, 실체를 몰라 더 두렵게 느껴지던 장애물들을 눈앞에 온전히 끌어내고, 그 장애물 앞에 서 있는 스스로를 응원하는 나만의 응원지도를 그려보자. 그 지도를 따라 차근차근 포기하지 말고 꿈을 이루어나가자! 솔미리인

06.
성적 때문에 꿈을 포기하는 것만큼 부끄러운 일은 없다

나는 인연이 닿은 사람들에게 "당신의 꿈은 무엇입니까?"라는 질문을 자주 하곤 한다. 이 질문에 대해 중·고등학생들은 시간의 흐름에 따라 다른 대답을 한다. 고등학교 1학년 학생들에게 이 질문을 하면 대부분 높은 연봉을 받을 수 있는 직업을 말하거나 소위 SKY급의 대학에 진학하고 싶다고 대답한다. 전공 또한 인기 있는 학과를 언급하곤 한다. 그러나 2학년이 되면 같은 질문에 다른 대답을 한다. 인서울이 목표라는 말을 주문 외우듯이 하게 되고, 어느 순간 전공은 언급하지도 않게 된다. 그나마 이런 대답도 3학년이 되면 매우 '현실적인' 것으로 바뀌게 된다.

학년이 올라갈수록 왜 다른 대답을 하게 될까? 대부분의 고등학생들은 신기하게도 자신의 꿈을 성적에 맞춰 계속 바꾸기 때문이다. 그러다가 보면 어느 순간 자신의 꿈은 더 이상 꿈이라고 말할 수 없을 만큼 부끄러운 '타협점'이 된다. 만약 독자가 이런 상황이라면, 반드시 사고를 전환해야 한다. 성적에 꿈을 맞추면 안 된다. 자신의 소중한 꿈에 성적을 맞춰야 한다. 나에게 어떤 꿈이 있고, 그 꿈을 위해 성적이 필요하다면 성적을 끌어올려야 하며, 성적이 아닌 다른 능력이 필요하다면 그 능력을 끌어올려야 한다. 자신의 꿈을 이루기 위해 필요한 노력을 하는 것은 지극히 당연한 일이기 때문이다. 그렇기에 성적 때문에 꿈을 포기하는 것은 매우 부끄러운 일이라고 말할 수 있다.

중학교에 입학할 무렵 나의 꿈은 치과의사였다. 하지만 성적은 그렇게 썩 좋은 편이 아니었다. 그렇게 고등학교에 입학하게 되었고, 2학년 모의고사 때는 과목당 평균 50점 정도였던 적도 있다. 치과대학은 상상도 못할 성적이었고, 정신상태도 매우 나약해서 공부가 손에 잡히지도 않았다. 만약 내가 그 당시에 대부분의 학생들처럼 꿈을 성적에 맞춰 바꿨다면, 과연 나는 미래에 무엇을 하고 있을까? 아니, 지금 현재 나는 행복할까? 아마 재미없는 대학생활을 보내고, 적당히 스펙에 맞춰 관심 없던 직업을 갖고 살아가고 있을 것이다. 생각만 해도 끔찍하다.

나는 그 힘든 순간순간에도 흔들리지 않았다고 말한다면 거짓말일 것이다. 나 역시 공부하기 싫어하고, 한 곳에 오래 앉아 있지도 못한다. 또 성적이 낮게 나오면 상처도 많이 받는다. 하지만 그럴 때마다 나는 수도 없이 속으로 다짐했다. 이런 다짐들이 힘든 순간순간에도 나를 이끌어주었으며, 성적 때문에 꿈을 포기하는 것을 막아주었다.

"지금 내 성적은 낮지만 나의 소중한 꿈을 고작 성적 때문에 포기하지 않겠다."

"내 꿈은 언제나 치과의사이며, 10년 후에는 그 꿈에 가까이 가 있을 것이다."

합리화는 인생을 살아갈 때 매우 중요한 방어 수단 중 하나이다. 수 많은 중압감과 스트레스가 이 합리화라는 과정으로 완화되거나 아예 없어지기도 한다. 그렇기에 합리화하는 행위는 비판해서도 비난해서도 안 된다. 하지만 '꿈'에 대한 합리화는 이야기가 다르다. 꿈을 이루기 위한 노력은 중압감과 스트레스를 불러올 수 있고, 이런 노력은 매우 고통 스러운 과정일 수 있다. 그래서 사람들, 특히 학생들은 쉽게 합리화하곤 한다.

성적은 노력의 결과물이다. 그리고 성적은 많은 생각을 갖게 한 다. '성적이 낮기 때문에 이 꿈은 이루지 못할 거야. 포기하자.'라는 생 각은 지극히 '의식적으로' 진행된 합리화 과정이다. 즉, 꿈을 성적 때문 에 포기하는 것은 무의식적으로 합리화했다고 변명조차 못할, 힘든 것 을 피하기 위한 의식적인 과정이라는 것이다. 이것은 매우 부끄러운 것 이다. 그 순간의 힘든 상황을 의식적으로 피하려고만 하는 것이기 때문 이다. 하지만 의식적인 합리화이기에 오히려 마음먹기에 따라 조절할 수도 있다. 즉 자신이 합리화를 막고 계속 노력한다면 꿈을 이룰 수도 있다는 것이다.

자신의 소중한 '꿈'을 의식적으로 타협하고 합리화하지 말자. 특히 얼마든지 노력으로 바꿀 수 있는 성적이라는 요소 때문에 나의 꿈에 흠 을 내지는 말자. 당신의 꿈은 그 어떤 가치보다 한없이 소중하며, 이를 이루어낼 의무가 있다. 어떤 상황이라도 의지만 있다면, 당신은 꿈에 가까워질 수 있는 가능성이 있다. 그러니 합리화하려는 자신과 계속해서 싸워라. 그리고 상상해라. 10년 후 소중한 꿈에 가까워져 있는 자신의 행복한 모습을! 남민호인

07.

절박함만이 꿈을 현실로 만든다

중학교에 입학했을 때, 살던 동네가 발칵 뒤집힌 적이 있었다. 한창 특목고 열풍이 불던 시점에 같은 아파트 바로 위층에 사는 누나가 영재 고등학교에 합격했다는 것이다. 동네에서 같이 놀던 평범한 이웃이었 는데, 영재고 학생이 되었다는 이유만으로 동네 아주머니들을 포함해 주변의 온갖 부러움과 칭찬을 한 몸에 받았다. 다음날 중학교 정문에는 대문짝만한 포스터가 붙었다. '경축, 누구누구 무슨 고등학교 합격'. 그 날 운동장에서 마주친 누나의 모습이 너무 멋있어서 처음으로 꿈에 대 해 설레는 마음을 갖게 되었다. 그날 밤 내 꿈은 정해졌다. '나의 꿈은 영재고 입학!' 학교에 들어와 처음으로 가진 꿈이었다.

중학교 때 처음으로 공부라는 것을 해보았는데 그전까지는 학교에 서 놀기만 할 뿐 스스로 노력하지 않는, 그냥 축구 좋아하고 장난 좋아 하는 평범한 남자아이였다. 그런 내가 공부를 시작한 계기는 단순히 지 기 싫다는 것이었다. 친한 친구보다 공부를 못한다는 소리가 듣기 싫어서 그랬던 것 같다. 시간이 지나 중학교 3학년이 되었을 때 꿈을 쫓아 영재고 입시 준비를 하게 되었다. 본격적으로 학원을 다녔다. 방과 후면 친구들이 축구를 할 때 학원에 가야 했고, 가족들이 여행을 갈 때도 홀로 남아 공부를 해야 했다. 하기 싫은 공부였지만 영재고에 들어갈 수 있다는 생각에 몸은 힘들어도 마음은 힘들지 않았다. 수학, 과학을 좋아하고 나름 그 분야에 대한 자신도 있었다. 부모님 등 주변 사람들도 당연히 기대했고, 특히 중학교 3학년이 되면서부터는 거의 모든 시간을 영재고 입시에만 집중해 항상 학원까지 끝 내고 새벽에 집에 들어가는 생활을 계속 하면서 스스로에 대한 기대감도 없지 않았다. 아마 그때 학원에 쓴 돈도 적지 않았을 것이다.

결과부터 말하면 영재고 입시에서 보기 좋게 떨어졌다. 그것도 마지막 4차 시험에서 떨어졌다. 지금에야 가볍게 이야기할 수 있지만 중학생 내내 꿈꿔왔고, 3년 동안의 노력도 적지 않았기에 그때 느꼈던 절망과 패배감은 말로 표현할 수 없었다. 3년간의 꿈이 와르르 무너지는 순간이었다. 그 며칠 뒤에 담임선생님께서 찾아오셨다. "과학고 원서 한번 써보지 않을래?" 시험이 한 달도 남지 않은 시점이었다. 시험 준비는커녕 자존심이 바닥까지 추락해 있는 시점에서 지푸라기라도 잡는 심정으로 지원했다. 그때는 절박했다. 중학교 3년간의 노력을 허탕치고 싶지 않았기 때문이다. 그렇게 절박할 수가 없었다. 아직도 합격 통지를 받았을 때의 감격을 잊을 수가 없다. 합격 통지를 받고 얼마나 감격해 울었던지 기억이 생생하다.

영재고에 떨어지고 나서 더 이상 잃을 것이 없을 것 같던 상황, 합격에 대한 간절함이 나를 절박하게 만들었다. 만약 과학고 입학이 절박하지 않았다면 나는 또 떨어졌을 것이다. 영재고를 준비할 때는 절박하지 않았다. 꿈이라고 말하고 다녔지만 그렇게 간절하진 않았던 것 같다. 오히려 영재고에 떨어져서 합격에 대한 절박함을 가질 수 있었기에 과학고 입학이라는 행운을 얻을 수 있었던 것 같다. 그때 나는 꿈을 이루는 것을 결정짓는 가장 중요한 요소는 절박함이라는 것을 경험을 통해 배웠다.

대학교 멘토링 활동을 하면서 어떻게 하면 꿈을 이룰 수 있는지에 대한 많은 질문을 받는다. 나는 자신한다. 당신이 절박할수록 당신의 꿈은 더 이상 꿈이 아닌 현실에 가까워진다는 것을. 절박함은 꿈을 이루게 해주는 엄청난 힘이 있다. 영재고등학교에 비해 과학고등학교를 가기 위한 공부를 많이 하지 않았음에도 불구하고 합격한 것을 보면 힘이 있는 것이 분명하다. 만약 당신에게 정말 이루고 싶은 꿈이 있다면 그 꿈에 대해 절박함을 가져보자. 절박함은 원하는 꿈을 간절히 바랄 때 얻을 수 있다.

간절한 상상은 절박함을 가져다준다

나는 지금도 꿈을 꾸고 꿈을 이루기 위해 절박해지고자 노력한다. 절박하기 위해 가장 좋은 방법은 끊임없이 꿈을 머릿속으로 상상하는 것이다. 다음은 내가 가장 좋아하는 말이다.

오랫동안 꿈을 그리는 사람은 마침내 그 꿈을 닮아간다.

- 앙드레 말로

진짜 그럴까? 나도 직접 경험하기 전까진 확신하지 못했다. 고등학교 시절 나의 성적은 결코 원하는 대학에 지원할 수 없는 성적이었고, 끝까지 고집을 피웠던 나는 선생님들과 친구들에게 안 된다는 말을 몇 번이나 들었는지 모른다. 하지만 바늘구멍 같은 가능성이 있었고 간절히 바라기 시작했다. 시간이 날 때마다 나의 꿈을 구체적으로 생각하도록 노력했다. 당시의 꿈은 대학 진학이었기에 노트, 펜, 핸드폰 배경까지도 대학마크로 바꾸고 최대한 그 생각만 하려고 했다. 심지어는 잠드는 침대에서 눈을 떴을 때 그리고 눈을 감을 때 원하는 대학의 마크가 보이도록 천장에 대학교 사진을 붙여 놓고 계속 대학과 대학에 들어가 행복해하는 나 자신을 상상했다. 계속 꿈을 되새겼다. 목표를 이루는 과정에서의 장애물은 생각하지 않았다. 내가 목표를 이룰 수 있다는 생각을 하는 것 자체가 나에게 자신감과 큰 힘을 주었다. 그리고 결국 원하는 대학에 합격할 수 있었다. 꿈을 이뤘을 때 자신의 모습을 상상하고 끊임없이 생각하라. 그러면 꿈이 절박해지고 어떤 꿈이든 언젠가 반드시 이룰 수 있다. **홍석일**

08.

꿈에 대한 나만의 정의를 내려라

네덜란드 교환학생 시절, 친하게 지냈던 외국인 친구들이 몇 명 있었다. 그 친구들에게 너의 꿈은 무엇이냐고 물어보니 바로 자신의 꿈을 대답했다.

인도네시아에서 온 나보다 두 살 어린 여학생은 네덜란드 같은 선진국에 취업해서 자신만의 커리어를 쌓는 것이 꿈이라고 하였다. 인도네시아 여성은 전통적으로 20대 초반에 결혼하는 것이 관례인데, 그러한 관례를 극복하고 선진국의 직장에 취업하여 자신의 터전을 그곳에서 만들어나가고 싶다는 것이다. 이 친구에게 '꿈'이란, 태어났을 때부터 주어진 사회적인 굴레를 벗어나서 자신만의 자유로운 삶을 개척하는 것이었다.

또 한 명의 친구는 네덜란드 대학교로 학부 입학을 한 독일에서 온 유학생이었다. 어린 나이에 타지에서 대학생활을 하는데도 다양한 유럽 사람들이나 동양에서 온 교환학생들과도 잘 어울리는 사교성 좋은 친구였다. 그뿐만 아니라 혼자서 이곳저곳 여행도 자주 다니고, 동양문화에 관심이 많아서 유도나 태권도 같은 동양 무술을 배우는 등 자신만의 독특한 경험이나 이력이 많은 학생이었다. 이 친구는 비행기, 패러글라이딩, 열기구 같은 기계의 도움 없이 맨몸만으로 하늘을 날아보는 것이 꿈이라고 했다. 너무 가볍게 대답하는 것 아니냐는 나의 질문에 이 친구는 "꿈은 그냥 꿈같은 것이잖아!(Dream is just a dream!)"라고 말했다. 이 친구에게 '꿈'이란, 상상만 해도 즐거워지는 환상적인 미래의 모습이나 영화 같은 삶을 말하는 것 같았다.

가장 독특한 대답은 네덜란드 친구의 말이었다. 이 네덜란드 여학생은 언제 어디서나 건강한 몸을 만들고 유지하는 것이 꿈이라고 했다. 이 말을 듣고 의아했던 나는 그것은 꿈보다는 생활 습관에 가깝지 않느

냐고 물었다. 그 학생은 자신의 모든 삶의 기반이 건강이라고 생각하고, 건강한 몸을 유지하는 것이 자신에게 가장 중요한 가치라고 말했다. 실제로 이 친구는 당시 주중에 운동 강습을 3개씩 듣고 있었고 테니스 동아리 회원으로 활동하고 있었다. 이 친구에게 '건강한 몸'은 과거, 현재, 미래를 아울러 삶을 주관하는 핵심 가치이면서 지금 당장 실천할 수 있는 행동양식이었다. 말 그대로 이 친구는 일상 속에서 자신의 꿈과 가치를 이루고 있는 것이다.

이 3명 모두 꿈이 무엇이냐고 물어봤을 때, '장래희망직업'을 말하지 않았다. 대신 자신이 극복하고자 하는 한계, 영화 같은 상상, 자신의 삶을 움직이는 가치관을 답했다. 꿈이 무엇이냐고 물어보면 "어떤 직업을 갖겠다.", "어느 학교, 직장에 들어가겠다."고 답하는 우리나라 학생들과는 사뭇 다른 모습이었다. 이 이야기를 통해 우리는 '꿈'이 단순히 직업, 학교, 학과처럼 어떤 이력을 획득하는 차원이 아니라 그 이상이 될 수 있다는 것을 알아야 한다. 지금 당장 필요한 것, 다소 비현실적이지만 생각만 해도 재미있는 상상, 비장한 다짐 무엇이든 말이다.

꿈이 단순히 어떠한 이력을 얻는 것에서 그칠 때, 그 이력을 얻게 된 순간 꿈 자체가 사라질 뿐만 아니라 그 꿈을 이루기 위해 노력했던 동력도 사라지게 된다. 나 또한 꿈이 이력을 얻는 것에 불과했던 시절이 있었다. 서울대학교라는 학력을 얻는 것, 그리고 어떤 직업이 될지는 모르지만 적당히 재밌고 적성에도 맞는 직업을 얻는 것이 꿈의 전부였었다. '서울대 입학'이 꿈이었을 시절에는 아무리 몸과 정신이 힘들어도 기쁘게 공부할 수 있는 동력이 있었다. 그러나 막상 서울대 문을 열고

들어온 순간부터 스스로의 삶을 움직이게 하는 동력은 사라졌고 무료한 1년의 시간을 보내고 말았다. 몇 년 동안의 청소년 멘토링 봉사활동이 없었다면, 나는 아직도 내 꿈이 무엇인지 찾지 못하고 그저 그런 대학생활을 보냈을 것이다.

내 꿈은 '타인을 돕는 사람'이 되는 것이다. 주석이 달리지 않은 단순하고도 직관적인 이 말이야말로 나의 궁극적인 가치관을 닮은 말이자 내 삶을 이끄는 원동력이다. 타인을 돕는 행위는 그 범위와 대상을 어떻게 설정하느냐에 따라서 미래가치로도, 현재의 행동양식으로도 실현할 수 있다. 그래서 나는 현재의 능력으로 타인을 돕는 방법을 찾고, 미래에 보다 많은 사람들을 도울 수 있는 계획을 세우기로 했다.

타인을 돕는다는 것은 내가 가진 능력이나 역량을 타인에게 나누어 준다는 것을 의미한다. 따라서 나는 남에게 베풀 수 있는 스스로의 능력이나 역량이 무엇인지 자기 탐색을 시작했다. 그 과정에서 스스로가 잘하는 것과 못하는 것을 냉정하게 평가하는 작업도 했고 타인이 나를 통해 필요로 하는 것이 무엇인지 파악하고자 했다. 그 결과 지금 당장 남을 도울 수 있는 일들이 있고, 역량과 능력을 좀 더 개발해서 미래에 더 많은 사람들을 도울 수 있는 일들이 있다는 것을 알았다.

현재 내가 남을 도울 수 있는 방향은 두 가지라고 생각한다. 하나는 대인관계 속에서 주변 사람들에게 조금 더 시간을 쓰고 그들의 고민과 이야기를 들어주고 문제해결 방법을 같이 찾아주는 것이다. 또 다른 방향은 현재 하고 있는 청소년 멘토링 봉사활동을 통해 더 많은 청소년들을 만나 그들에게 희망과 새로운 가능성을 제시하고, 그들이 바른 길로 갈 수 있도록 지도하는 것이다.

미래에는 나의 배움과 지식을 통해 타인을 돕는 사람이 되고 싶다. 나는 나의 전공이 소비자들의 복지 증진을 궁극적인 목표로 하는 '타인을 돕는 정신'을 가진 학문이라는 것에 주목하게 되었다. 따라서 학문에 더욱 매진하여 소비자들에게 도움을 주는 전문가가 되는 것 또한 나의 꿈을 이루는 방법 중 하나가 될 것이다. '제대로 배워서 제대로 소비자들을 돕자'는 생각이 지금 내가 전공 학문을 대하는 마음가짐이다.

나 조은빛이 정의하는 '꿈'의 정의는 다음과 같다. 첫째, 물질적 보상과 사회적 인정이 없어도 그것 자체만으로 행복한 것이다. 둘째, 무엇인가를 얻는 것에서 그치지 않고 그것을 통해 실현할 가치가 곧 꿈이다. 셋째, 가장 궁극적인 목표도 꿈이 될 수 있지만 그것을 실현하는 과정에서의 세부목표 또한 꿈이 될 수 있다. '나만의 꿈'이 무엇을 의미하는지를 스스로 정리한 후 나의 삶은 어떠한 고난과 유혹에도 중심을 잃지 않고 스스로에게 매진하는 모습이 되었다. 그 형태나 방법이 달라질 수는 있어도 타인을 돕는 순간의 기쁨과 존재감을 느낄 수 있다면 나는 꿈을 이루게 되는 것이다.

따라서 여러분도 자신만의 '꿈'의 의미를 찾았으면 좋겠다. 자신이 지금까지 생각해온 꿈의 의미와 정의가 무엇인지 먼저 적어보고, 그 의미가 시간적, 공간적으로 제한되어 있는 것은 아닌지, 물질적 보상과 인정 없이도 나를 움직이게 하는 동력이 되는지, 내가 중요하게 생각하는 가치관에 반하는 것은 아닌지 등의 다양한 기준을 가지고 평가해보길 바란다. 그리고 남들이 말하는 꿈이 아닌, 자신만의 '꿈'의 정의를 내리고 그 꿈을 이루기 위해 지금 당장 무엇을 할 수 있을지 고민해보았으면 좋겠다.

좋은 꿈과 그렇지 않은 꿈을 나누는 가치판단적인 기준은 없다. 하지만 나의 '꿈'이 어떠한 의미를 가지는지 확신을 가지고 말할 수 있는 사람이라면, 그 사람은 언제 어디서든 흔들리지 않는 행복한 꿈을 가졌다고 말할 수 있지 않을까? 조은빛인

대학생이 될 당신에게 강력 추천하는 활동

홍석일　　　　　　　　　친구들과 함께하는 배낭여행

　　대학생이 된다면 무엇을 가장 해보고 싶은가? 동아리, 연애, 엠티 등 다양하겠지만 색다른 경험, 대학생만의 청춘을 느끼고 싶다면 배낭여행을 추천한다. 옷 한 벌에 배낭 하나 메고 여행을 떠나는 것은 대학생만 가질 수 있는 멋이고 특권이다.

　　나는 대학교 1학년 여름 방학 때 고등학교 친구 3명을 모아서 일본으로 배낭여행을 떠났다. 비행기와 숙소만 예약하고 별다른 준비도 하지 않았다. 그저 친구들과 이곳저곳을 누비며 대학생의 느낌을 만끽하는 것 자체로 좋았다. 여행 코스가 정해져 있는 것이 아니니 가는 길이 곧 일정이 되고, 재미있는 여러 해프닝이 생긴다. 그래서 자유롭고 여유로우며 즐겁다. 얼마나 좋은가! 여행지에서 새로운 친구를 사귀기도 하고 낯선 장소에서 새로운 경험을 할 수도 있다. 모두 다 추억이 된다. 가

능하다면 꼭 한 번 해외 배낭여행을 해보길 추천한다. 말이 안 통하는 타지에서는 모든 것이 새롭고, 직접 몸으로 부딪치며 많은 것을 배울 수 있다. 사실 어디든 상관없다. 국내도 좋고 해외도 좋다. 돈이 없다고? 용돈을 평소에 덜 쓰고 허리띠를 최대한 졸라매면 된다. 돈이 없다고 여행을 망설이는 것은 바보 같은 짓이다. 길바닥에서 자도 다음날 멀쩡한 것이 대학생의 에너지다. 대학생이 된다면 너무 집에만 있지 말고 일단 떠나자.

권소라　　　　　　　　학교 안의 다양한 문화혜택 누리기!

대학교 캠퍼스 곳곳에 있는 게시판은 늘 전쟁터를 방불케 한다. 동아리원 모집 포스터, 공모전 포스터, 공연 포스터들이 가득하다. 오프라인 게시판 외에도 학교 공식 홈페이지를 방문하면 무료로 볼 수 있는 연극, 밴드, 아카펠라, 국악, 뮤지컬, 댄스 공연들의 정보가 끊임없이 올라온다. 다소 차이는 있겠지만 대체로 학교마다 유명한 동아리가 있고, 그들의 공연 수준은 예상보다 매우 높다! 실제로 나는 대학교에 입학한 이후 매년 10개 이상의 공연을 보았다.

이외에도 학교 안에서 손쉽게 이용할 수 있는 문화시설에는 미술관과 박물관, 음악 감상실, 도서관, DVD 감상실 등이 있다. 대부분 무료이다. 학교마다 시설에 차이는 있겠지만 학생들이 사용하는 공식 포털 사이트와 선배들의 조언을 참고한다면 재미있고 풍부한 대학 생활을 만

들 수 있다. 게다가 이전까지 알지 못했던 자신의 취향을 깨닫는 기회가
될 수도 있을 것이다.

김재훈   축제 자원봉사

영화제든, 지역 축제든 아무거나 상관없다. 지원서를 쓰고 인터뷰
를 봐서 합격하는 순간 뭐든 직접 해보는 것이다. 영화제나 축제를 경험
하다 보면 자연스럽게 세상 돌아가는 패턴을 알게 된다. 관료제의 특징,
사람을 만나는 방법 등 학교라는 틀을 벗어나 그 밖에서 활동해보면 우
물 안 개구리가 아닌 한층 더 성숙할 수 있는 기회를 만날 수 있다. 각종
자원봉사 나름의 장점이 있겠지만 개인적으로는 큰 영화제나 축제보다
는 소소한 축제를 권하고 싶다. 사실 소소한 축제는 없다. 비교적 규모
가 작은 축제를 말하는 것이다. 같은 부서의 사람들, 같이 자원 봉사하
는 사람들을 좀 더 가깝게 두루 만났으면 하기 때문이다.

심규승   상상유니브

상상유니브는 KT&G에서 진행하는 사회공헌활동이다. 그 대상은
대학생이며, 대학생들이 여러 가지 도전을 해볼 수 있도록 다양한 프로
그램을 5~6주간 진행한다. 예를 들면, 기타나 드럼 같은 악기 배우기,

캘리그래피, 보컬, 뮤지컬, 사진 찍기, 자기소개서&면접 프로그램, 상상 마케팅스쿨 등의 프로그램이 마련되어 있다. 대학에 오면 많은 시간이 주어지기에 무언가를 많이 해보고 싶다는 생각을 갖게 된다. 하지만 막상 뭘 해야 하는가를 찾기는 쉽지 않다. '무엇'을 떠올리기도 쉽지 않지만 하고 싶은 것을 찾더라도 전문가에게 제대로 배울 수 있는 기회를 찾는 것 역시 어렵다. 상상유니브는 대학생들이 관심을 가질 만한 프로그램을 개설해 학생들 스스로도 몰랐던 잠재적 소망을 찾을 수 있도록 도와준다. 더구나 각 분야의 전문가들을 초빙하여 수업을 진행하기 때문에 5~6주의 짧은 기간이긴 하지만 많은 것을 배울 수 있다. 이뿐만 아니라 다른 대학교의 다양한 사람들과 만날 수 있다는 것도 상상유니브의 큰 장점이다.

전창열   드림컨설팅

중·고등학교 때 멘토링을 받아본 경험이 있을 거야. 멘토가 선생님이든 부모님이든 대학생 언니오빠들이든 한 번쯤 받아봤지? 선생님이나 대학생에게 받았다면 대개 성적과 입시에 대한 멘토링이었겠지. 자신이 멘티의 입장이었던 그때를 기억하며 대학생이 된 후 그들의 멘토가 되어보는 건 어떨까? 난 청소년들의 멘토링을 시작한 지 올해로 8년이 넘고 있어. 그중 가장 보람을 느꼈던 것은 꿈에 대한 멘토링을 했을 때야. 솔직히 대학 들어오기 전까진 내 꿈이 뭔지 잘 몰랐잖아? 내가

중·고등학교 때 내 꿈이 뭔지 찾으려고 노력했다면 내 인생을 더 알차게 보냈을 거라고 확신하거든. 대학에 와서도 내 꿈이 뭔지 잘 몰랐지만 청소년들의 꿈을 찾아주는 멘토링을 하다 보니 나에 대해서 더 고민하게 되더라고. 무엇보다도 한 사람의 인생에서 가장 중요한 꿈을 찾는 길을 돕는 것, 멘티들의 중요한 여정에 함께 했다는 것이 얼마나 행복하던지. 가장 중요한 것을 줄 수 있는 대학생활을 하자고!

조은빛   학술 연구 발표

나는 대학교 3학년 때 소비자학과에서 진행하는 학부생 학술 연구 발표(심포지엄)에 참여했었다. 해당 전공 분야에 관련된 연구 주제를 스스로 찾아서 실제로 연구를 진행하고 논문을 쓴 후 그 결과물을 교수님과 학생들 앞에서 발표하는 것이다. 대학 생활 동안 자신의 학문 분야에 대해 장기간에 걸쳐 심층적인 연구를 할 수 있는 기회는 흔치 않다. 교재를 읽는 것, 수업을 듣는 것, 짧은 보고서를 쓰는 것 이상의 활동을 하기는 어렵기 때문이다. 나는 6개월 동안의 학술 연구를 통해 내 전공에 대해 잘 알게 되었을 뿐만 아니라 전공 자체에 대한 애착도 가지게 되었다. 여러분도 대학에 들어와서 단순히 전공 수업을 듣고 시험공부를 하고 과제를 제출하는 수준의 공부가 아니라 좀 더 심화된 수준의 자율 연구를 하고 논문을 쓰고 그 결과물을 발표하는 경험을 꼭 해보았으면 좋겠다.

송미리   내일로 여행

내일로 티켓에 대해 들어본 적 있을까? 유럽에 유레일패스가 있다면 우리나라에는 내일로 티켓이 있어! 내일로 티켓은 KTX를 제외한 국내열차를 7일간 무제한으로 이용할 수 있는 자유이용패스야. 아무나가 아니라 오직 만 25세 이하에게만 허락된 기회지! 난 두 번의 내일로 여행을 떠나보았는데 한 번은 친구와 그리고 또 한 번은 혼자서 전국 방방곡곡을 가보았어. 폭우가 내리는 경주에서 친구와 자전거 투어도 해보고, 혼자서 순천만 용산 전망대에 올라보기도 했지. 무엇보다 기억에 남는 건 덜컹거리는 기차 속에서 '다음 목적지는 어떤 곳일까?' 하는 생각에 설레던, 그 간질거리는 느낌 같아. 한 번뿐인 청춘을 더욱 빛나게 할 내일로 여행! 대학에 간다면 놓치지 말고 꼭 해보아야 할 소중한 경험이야.

남민호   홀로 떠나는 유럽 배낭여행

고등학교 때까지 학교라는 틀 속에 갇혀 있다 보니 어디론가 떠나고 싶다는 생각이 많이 들었던 것 같다. 특히 대학에만 가면 홀로 유럽 여행을 떠나겠다는 다짐은 나의 오랜 소망이었다. 하지만 막상 대학에 들어가니 외국으로 여행을 떠나는 것이 그리 쉬운 일은 아니었다. 계절학기, 동아리활동, 봉사활동, 대외활동, 영어학원 등 방학이라고 시간이

많이 남는 것도 아니었다. 그렇게 생각만 하다가 더 이상 미루면 평생 후회하며 살 것 같았기에 무리해서 시간을 만들었다. 드디어! 나의 여러 꿈 중 하나였던 홀로 떠나는 유럽 배낭여행이 2014년 1월에 이루어지게 되었다. 주변에서는 혼자 가니 정신 바짝 차리고 몸조심하라며 걱정들이 많았지만, 유럽에 도착한 후 나는 아름다운 풍경에 사색에 잠기기도 하고, 멋진 외국 친구들이랑 놀기도 하고, 각 나라별 생맥주와 전통음식도 먹으면서 신나게 즐기고 돌아왔다. 지금도 그 짧았던 3주가 내게 가장 아름다운 추억이라고 말할 수 있다. 두렵다고 걱정된다고 부딪치지 않는다면 얻을 수 있는 것은 아무것도 없다고 생각한다. 여러분도 대학에 온다면 꼭 유럽여행을 해보길 추천한다.

4차산업혁명시대의
진로 선택과 진로 탐색 콘서트!

PART 2

진로(進路)?
꿈을 향한 길,
멀지 않은 길

01.

꿈을 항상 눈에 보이는 곳에 두어라

미리 말하지만 나는 노는 걸 미친 듯이 좋아한다. 중·고등학생 때
는 알아주는 리니지 폐인이었으며, 만화책은 한 2천 권 이상 읽은 것 같
다. 또 친구들이랑 노는 것도 좋아해서 이리저리 싸돌아다니기도 많이
했다. 그만큼 평소에는 책에 손도 대지 않았던 것 같다. 이랬던 내가 모
든 것을 다 끊고 어떻게 하루 15시간 이상 꾸준히 공부할 수 있었을까.

서울대에 다닐 때 나는 관심이 가는 다양한 강의를 따로 신청하여
듣곤 했었다. 그중 심리학에 관심을 갖고 관련 전공 수업을 들어본 적이
있는데, 그때 교수님께서 참 재미있는 연구를 소개해주셨다. 이성에게
호감을 얻기 위한 방법 한 가지를 알려주셨는데 그냥 그 이성에게 '여
러 번' 눈에 띄면 된다는 것이었다. 단지 계속 보이는 것만으로도 그 상
대에게 익숙해지고, 호감을 갖게 된다니 놀랍지 않은가? 무엇이든 자신
의 눈에 여러 번 보이게 되면, 의식적이든 무의식적이든 영향을 준다는
연구 결과였다.

중학교 때 어떤 친구가 가고 싶은 대학 이름을 책상에 써 놓은 것을 봤다. 그 당시엔 너무 유치해보여서 그 친구를 놀렸던 기억이 난다. 고등학생이 된 나는 그 친구와 똑같은 행동을 하고 있었다. 나도 모르게 내 꿈을 책상에 쓰고 있었는데 내가 유치하다고 생각했던 행동을 왜 하고 있었을까? 지금 생각해보면 내가 그 꿈에 절실해졌기 때문인 것 같다. 그 당시 내 꿈은 언제 어디서든 존재했다. 책상에서 시작된 그 꿈은 핸드폰에도, 필통에도, 계획표에도, 눈에 보이는 곳이면 어디든 존재했다. 그렇다고 멋지게 적어 놓은 것도 아니다. 다음과 같이 단순하고 유치했다. 중요한 것은 이 유치하게 써 놓은 꿈이 아침부터 잠들기 직전까지 내 눈앞에 있었다는 점이다.

'치과의사 남민호'
'기다려라, 치대야'

공부하다 보면 정말 힘들 때가 많다. 공부는 하기 싫은데 게임은 왜 그렇게 하고 싶은지, 만화책이 너무 보고 싶고, 카톡 들어온 거 있나 확인하고 답장해야 하고, 페북도 봐야 하고, 그러다 보면 잡생각이 많아져 글자가 들어오지 않게 된다.

'하, 쉬고 싶다. 오늘은 그만 할까.'

공부하던 동안 수도 없이 들었던 생각이다. 1시간에 한 번씩 포기하고 싶던 시기도 있었다. 나는 이런 생각이 들 때마다 꿈을 적어 놓은 포스트잇을 바라보았다. 처음엔 단순히 '꿈을 이루고 싶다.'라는 정도의 생각이 들어 다시 공부로 돌아갔다. 하지만 이런 날들이 반복될수록 그 효과는 점점 떨어졌다. 글은 그냥 글일 뿐이었다. 하도 보게 되니 별 감흥도 없어졌는데, 그러던 중 놀라운 경험을 하게 되었다. 내가 꿈을 바라보는 것이 아니라, 꿈이 나를 바라보고 있다고 느껴졌다. 그러곤 이렇게 말하는 것 같았다.

'네 그릇은 고작 그 정도냐?'
'그렇게 노력하기 싫어하면서 꿈을 이룰 수 있다고 생각해?'

그럴 때마다 마음을 다잡았다. 한심해지기 싫었다. 꿈을 포기하기 싫었다. 나의 꿈이 나에게서 멀어지는 것이 싫었다. 그래서 악착같이 물고 늘어졌다. 그렇게 하루하루 보내다 보니, 어느 순간 꿈은 나에게 당연한 것이 돼 있었다. 난 당연히 이 꿈을 이룰 것이고, 이 꿈은 곧 나에게 현실이 될 것이라는 확신이 서게 되었다.

지금 생각해보면 꿈이 나에게 했던 말들은 어쩌면 내 자신이 나에게 하고 싶었던 말이었던 것 같다. 어느 순간부터 그런 말들을 꿈 아래에 적어 놓았다. 나를 자극시키는 말들, 좌우명들, 명언들. 꿈 아래에 적어 놓은 말들은 꿈을 볼 때마다 나에게 그렇게 말하는 것 같았다. 그래서 더욱 악착같이 노력할 수 있었다. 그리고 그 노력은 나를 배신하지 않았다.

여러분한테 하고 싶은 말은 항상 자신이 볼 수 있는 곳에 꿈을 두어야 한다는 것이다. 너무 멀고 힘들고 희망이 없어 보여도, 포기하면 안 된다. 누가 처음부터 가능한 꿈을 꾸겠는가. 지금 내가 이루지 못하기에 꿈이고, 그 꿈을 현실로 이루어내느냐는 바로 자신의 노력이 결정하는 것이다. 내가 당연히 이루어낼 거라고 생각하자. 내 바로 눈앞에 꿈이 있다고 생각하자. 지금 내 앞에 보이는 꿈을 적어 놓은 포스트잇처럼 말 이다. 남민호

02.
1분마다 인생을 바꿀 수 있는 기회가 찾아온다

　이야기를 시작하기에 앞서 내가 오늘 하루 동안 아주 잠깐이라도 고민하고 선택했던 것들을 공유하고자 한다. 일상을 공유한다는 것이 조금 부끄럽지만 사실 이 선택들은 지극히 일부이다. 많은 학생들이 공감하면서도 너무 순식간에 그 결정이 끝나서 미처 인식하지 못할 수도 있는 사소한 것들이다. 한 대학생의 일상이지만 아마 청소년들도 본인들의 삶에 적용한다면 비슷한 부분을 꽤 많이 발견할 것이다.

　아침 7시에 스마트폰 알람이 울리면 헬스장에 갈까 말까 고민한다. 옷장 앞에 서서 수많은 옷들을 보면서도 입을 옷이 없다고 툴툴거리다가 결국 어떤 옷을 입을지 고른다. 수업이 있는 강의실에서 가장 가까운 버스정류장이 어디인가를 떠올리며 어느 버스를 타고 갈지 선택하기도 한다. 수업 시간에 어디에 앉을지, 점심은 누구와 무엇을 먹을지, 중간에 수업이 없어 붕 뜨는 공강 시간에는 대체 어디에서 무엇을 할지를 잇달아 고민한다. 참고로 대학생이 되면 스스로 시간표를 짜는데 공강 시간이란 수업과 수업 사이에 수업이 없는 시간을 말한다. 수업이 끝나면 과제는 언제 어디에서 할지, 인터넷 창을 열어 놓고 어느 사이트에 들어갈지, 스마트폰으로는 어떤 애플리케이션을 실행할지, 학생들이 무료로 볼 수 있게 배포해 놓은 경영관련 잡지를 가져올지 말지조차 선택해야 한다.

날마다 거의 매 순간, 우리는 수많은 선택의 기로에 선다. 그리고 그때 행동한 결과들이 모여 지금의 나를 만든다. 여러 번의 경험을 거쳐 결과적으로 괜찮다고 생각하게 된 행동들이 있다. 예를 들면 수업 시간에 주로 앉는 한 자리에 한 학기 동안 꾸준히 앉는 것, 혹은 붐비는 퇴근 시간에 과외를 하러 갈 때에는 버스보다는 지하철을 이용하는 것 등이다. 하지만 나도 모르게 그냥 습관이 되어 아무 의식 없이 행동하는 경우도 있다. 예를 들면 알람이 울리지 않았는데도 불구하고 스마트폰을

켤 때 가장 먼저 SNS 애플리케이션을 켜는 것이다. 내 엄지손가락은 그 애플리케이션의 위치를 정확히 알고 있어서 순식간에 작동시킨다. 심지어 다른 일 때문에 핸드폰을 켰음에도 불구하고!

지금 자신의 모습에 만족한다면 기존에 해왔던 선택을 그대로 자연스럽게 하면 된다. 하지만 무엇인가 변화를 이끌어내고 싶다면 그 수많은 선택들 중에 무엇인가는 의식적으로 바꿔야 한다.

고등학교에 강연을 하러 다니다가 모 여고에서 만난 한 학생은 고3인데 많이 불안하다며 개인적으로 면담을 요청했다. 이야기를 들어보니 본인이 목표하는 대학에 지원하기에는 성적이 많이 낮아 고민이었는데, 매주 드라마를 챙겨보고 유명 아이돌의 콘서트에 가는 취미가 있었다. 공부 시간이 부족한 고3이기에 그 취미는 사실 누가 보더라도 치명타였다. 목표를 이루기 위해서는 그만큼 단기간 희생해야 하는 것이 있고, 본인의 행동에 변화가 있어야 한다고 이야기해주었지만 쉽게 행동을 고치진 못했다.

기존의 문제를 제대로 인식하지 못하고 다른 선택을 해보지 않는 학생에게, 성적 향상이라는 매우 상이한 결과가 선물처럼 갑자기 찾아오기란 거의 불가능하다. 그 학생이 계속 취미생활을 유지하면서도 본인이 목표한 바를 성취하려면 그 외의 시간은 모두 학습에 투자해야 했지만 그마저도 버거워했다. 예상했던 대로 성적 향상은 이루어지지 않았다. 단번에 모든 선택을 바꾸라는 것은 아니다. 사실 그것은 불가능에 가깝다. 본인이 생각하는 이상적인 모습을 만들어줄 결정적인 무언가가 있는데, 그 무언가를 결정할 때는 신중하면서도 최대한 의지를 발휘

해야 한다. 작심삼일이라는 말이 흔하게 쓰이는 것에서 알 수 있듯이 의지를 가지고 행동하면서 그것을 지속하기란 정말 어렵다. 그래서 1분마다 인생을 바꿀 수 있는 기회가 찾아올 정도로 우리의 주변에는 수많은 기회가 있지만, 그 기회가 많다고 해서 기회를 잡는 것이 쉬운 일은 아니다. 한 번 더 고민하는 힘, 바뀌고자 하는 의지, 이상적인 모습에 대한 강한 열망이 모여서 결국 변화를 이끌어낸다.

선택의 기로에서 희망을 보다

'1분마다 인생을 바꿀 수 있는 기회가 찾아온다'는 말은 2001년에 만들어진 영화 「바닐라스카이」에 등장한다. 이 말을 알게 된 뒤에 나는 더욱 나의 삶을 긍정하게 되었다. 반성하되 무너지지는 않게 되었다. 작은 태도와 선택에서부터 능동적인 사람이 되도록 동기부여를 받은 것이다. 끊임없이 나에게 기회가 주어진다고 생각하면 침체기에 머무를 시간이 없어진다. 여기서 핵심은 반성만 해서는 안 된다는 점이다. 더 나아지려면 지금 당장 무조건 변화해야 한다. 단순히 나이를 먹는다고 바뀔 것 같은가? 절대! 전혀 바뀌지 않는다.

내가 재수하는 동안 가장 힘들었던 것은 피드백을 받지 못한다는 점이었다. 그래서 인터넷강의를 들으며 온라인으로 최대한 질문을 많이 하고 답변을 들으려고 노력했다. 하루에 한 가지 이상 질문을 정리해서 꼬박꼬박 인터넷 커뮤니티에 올렸다. 동시에 단 한 과목이라도 현장강의를 듣고자 시간과 돈, 노력 대비 가장 효율적인 방법을 찾아보았다. 이러한 노력 덕분에 지겨운 공부지만 지속하고자 하는 의지를 다시금

붙잡을 수 있었다.

한편 삼수를 하는 동안 힘들었던 것은 오랜 시간을 투자하고 있는데도 딱히 실력이 늘지 않는 느낌이 드는 것이었다. 그래서 부족한 부분을 찾고 복습할 수 있는 평가표를 만들어 종례시간 20분씩을 알차게 활용했다. 그 평가표를 잘 채워 넣으려면 매 수업 시간마다 더욱 집중할 수밖에 없었다. 만약 그러한 노력을 해보려고 시도조차 안 했다면, 같은 시간을 그동안 해왔던 공부 방식에 그대로 사용했다면 달라진 모습을 기대하기 어려웠을 것이다. 문제 상황을 인식했을 때 그 모습을 만든 것은 지금까지의 내 과거였다. 미래를 바꾸고자 한다면 현재의 나와 내 선택을 바꿔야 하는 것이다.

여러분의 하루를 돌아보길 바란다. 얼마나 많은 선택의 순간들이 있는가? 그때 바꿀 수 있는 작은 행동들이 모여 여러분의 삶을 어떻게 변화시킬 수 있을지 지금 한 번이라도 고민해보면 어떨까? 권소라인

집중력, 당근과 채찍이 답이다

　중학교에서 고등학교로, 학년이 높아질수록 공부 시간이 부족하다고 말하는 학생들이 많아진다. 이쯤 되면 같은 시간에 최대의 효율을 내기 위해 '집중력'에 신경 쓰게 된다. 어떻게 해야 최대의 집중력을 끌어낼 수 있을까?

　사람마다 다른 답을 제시하겠지만 개인적으로는 그 답을 '당근과 채찍'이라고 생각한다. 상투적이라고 느낄 수 있다. 하지만 상투적이라고 효과가 없는 것은 아니다. 만약 효과가 없었다면 그건 적당히 주어지는 당근, 적당히 휘두르는 채찍이었기 때문일 것이다. 당근은 그 어떤 것보다 달콤하게 주어져야 하고, 채찍은 가혹하리만큼 엄하면서도 정확하게 휘둘러져야 한다.

　내가 스스로에게 허락한 달콤한 당근은 취미였다. 때마다 달랐지만 최소 한 가지의 취미는 스스로에게 허락했고, 그 취미는 집중력이 흐트러질 때마다 나를 조금 더 힘내서 달리게 하는 에너지 드링크였다. 나는 손으로 뭔가 만드는 것을 좋아해서 중학교 때는 비즈공예와 곰 인형 만들기를 종종 하곤 했었다. 너무나 좋아하는 취미였기 때문에 시험 기간이 끝나면 재료를 잔뜩 직접 사가지고 돌아왔다. 그리고 며칠 동안 내내 그걸 만드는 것에만 온 신경을 쏟았다. 그렇게 만들고 나면 그 어떤 것보다 강한 뿌듯함을 느끼곤 했다. 만드는 재미와 만들어진 작품에 대한 뿌듯한 기억, 그리고 지칠 때마다 틈을 내서 조금씩 만드는 시간이 주는 여유는 매번의 시험 기간을 지치지 않고 공부하도록 해주었다.

고등학교 때는 이 취미가 조금은 부담스럽기도 했다. 재료를 사는 것부터 시간이 너무 많이 들었고, 중학교 때와는 달리 시험이 끝나도 공부를 해야 한다는 의무감이 드는 환경이었기 때문이다. 그래서 평소에 할 수 있는 새로운 취미를 다시 찾았다. 바로 리듬 줄넘기였다. 중학교 때보다 앉아 있는 시간이 많다 보니 몸도 무겁고 어쩔 수 없이 스트레스가 쌓이는 상황에서 선택한 취미 운동이었다. 스트레스 해소를 위해 리듬이 빠른 음악을 선택해서 그 음악에 맞추어 줄넘기를 하면 재미도 있고 운동도 되고 스트레스도 풀리는 일석 삼조의 효과를 얻을 수 있었다. 너무 늦은 시간에는 할 수 없었기 때문에 가능한 빨리 하루 목표 공부량을 끝내고 음악을 들으며 줄넘기를 하기 위해 밤이 되면 더 집중이 잘 되곤 하였다.

집중하는 것은 많은 힘을 요구한다. 그렇기 때문에 그 무엇보다 달콤하게 주어지는 '당근'은 그 힘을 항상 채우고 있을 수 있는 필수 영양분이다. 집중하자고 스스로를 다그치기만 하면 소용이 없다. 어차피 인간이 지닌 힘은 한계가 있고, 다그친다고 힘이 샘솟지는 않기 때문이다.

때때로 힘을 채워 넣어가며 채찍질을 해야 달릴 수 있는 법이다.

단호하게 채찍을 들어라

물론 당근만 준다면 아무 소용이 없다. 때로는 단호하게 채찍을 휘둘러야 한다. 내가 스스로에게 휘두른 채찍은 철저한 시간 통제였다. 공부 시간도, 쉬는 시간도 스톱워치를 통해 정확히 재어 얼마나 공부했는지, 얼마나 놀았는지 등을 측정했다. 그러다 보면 자연스레 불필요한 시간을 공부 시간으로 돌릴 수 있었을 뿐 아니라 공부 시간이 한정되어 있다는 사실이 절실히 다가와 집중력을 높이고 싶은 마음이 간절해졌다.

물론 처음부터 이렇게 스스로를 관리하기 시작한 것은 아니다. 처음에는 사소한 계기로 재기 시작했다. 문구점에 가서 우연히 스톱워치를 보았고 핸드폰에 시간을 잴 수 있는 기능이 있기는 했지만 워낙 귀엽게 생겨 충동구매를 하고 말았다. 그리고 "이미 산 스톱워치니 하루 공부 시간이 얼마나 되나 한 번 재볼까?"라는 굉장히 가벼운 마음으로 해보았던 것이다. 그리고 이날의 기억이 아직도 생생히 남는다. 대략 야간자율학습시간으로 주어진 시간이 4시간 정도이고 집에 와서도 조금씩은 책을 보고 있으니 하루 공부 시간이 4시간은 될 것이라고 생각하고 있었는데 결과가 아주 참담했기 때문이다.

실제로 측정된 시간은 고작 2시간 남짓이었다. 도대체 왜 이런 결과가 나왔는지 이해가 가지 않았었다. 하지만 곰곰이 생각해 보니 식사 후 식곤증으로 잤던 시간, 쉬는 시간, 쉬는 시간이 끝난 후 집중이 되지 않아 음악을 듣던 시간 등 아무 생각 없이 자연스럽게 버리던 작은 시간들이 많았다. 그 작은 시간들이 모여 굉장히 큰 시간이 되어 있었던 것이다. 그래서 어차피 해야 할 공부, 공부하는 시간만큼은 그 누구보다도 엄격하게 스스로를 관리해야겠다고 다짐했다.

공부 시간, 쉬는 시간, 자는 시간을 잰다는 것은 단순히 측정하는 것만을 의미하지는 않는다. 객관적으로 써 놓은 학습결과로 인해 스스로 변명할 여지가 없어진다는 것을 의미한다. 공부를 적게 한 날 "그래도 이거 하나는 했어." 같은 자기위안을 해본 적이 많을 것이다. 하지만 시간을 재기 시작하면서부터는 스스로의 학습과정과 결과를 타협 없이 객관적으로 평가할 수밖에 없어졌다. 이렇게 조금도 변명할 수 없다는 것은 학습과정에 문제가 있다면 그 원인이 적나라하게 드러난다는 것을 의미한다. 이런 상황은 어쩔 수 없이 엄격하게 자기관리를 하도록 만든다. 하루하루 시간을 재고 주별로 더해보면 그 주를 어떻게 보냈는지가 눈에 보인다. 그래서 지금 보내고 있는 이 한 주가 어떻게 평가받을까 하는 생각에 하루하루를 한눈팔지 않고 보다 집중하면서 보내게 된다. 이런 자기관리를 통해 누구에게나 똑같이 주어진 그 시간을 밀도 있게 보낼 수 있었다.

많은 친구들이 집중력을 높이기 위해 스스로에게 채찍을 휘두른다. 하지만 그 채찍질은 오래가지 않는다. 적당히 휘두르는 시늉을 하는 경우가 많기 때문이다. 아니면 너무 휘두르기만 한다. 의욕만 앞서서 스스로에게 채찍질만 하면 오래갈 수 없다. 우리는 사람이고 채찍질만으로는 움직이기 힘들다. 엄격하게 채찍질을 하더라도 때로는 달콤한 당근도 즐길 수 있어야 열심히 달릴 의욕이 가득 차오른다. 집중력이라는 말을 달리게 하기 위해서 한 손에는 채찍을 들고 다른 한 손에는 당근을 들어보자! 그 어느 때보다 열심히 달리는 스스로를 발견할 수 있을 것이다. **송미리인**

04.
책상 앞에 앉아있는 시간보다
집중하는 시간을 늘려라

악기 연습이나 공부가 하기 싫을 때 꼭 손톱정리를 하거나 주변 정리를 한다. 왠지 모르게 주변은 깨끗해야만 할 것 같고 괜히 손톱이 까실까실하면 신경 쓰여서 공부를 못할 것 같아 손톱도 정리하고 공부를 시작한다. 딴짓이라는 게 참 재밌는 것이 하면 할수록 빠져든다. 지우개 똥을 열심히 뭉쳐서 찰흙으로 만들고, 평소에는 아무 관심 없다가 괜히 악기 내부 구조를 열심히 살피기도 한다. 그렇게 하기 싫었나 보다.

집중력에 대한 문제는 항상 이렇게 얼마나 잡다한 일을 많이 하는지와 관련이 있다. 문제는 딴짓을 책상 앞에서 한다는 사실이다. 차라리 나가서 놀면 좋으련만 공부하겠다고 앉아서 딴짓을 하면 머릿속에서는 공부하는 줄 알고 딴짓이 다 끝났을 때 보상심리가 생겨서 또 논다. 이런 악순환이 반복되는 사이 나는 바보가 되어 가는 중이었다.

위기의식을 느끼기 시작했다. 이래서 대학은 갈 수 있을까 싶고 공부는 하기 싫고 그러던 와중에 책상 위에 초등학교 6학년 때 산 스톱워치가 눈에 뜨였다. 처음에는 1초 후 정확하게 멈추기 게임을 혼자 했었다. 그렇게 며칠이 흘렀나? 진짜 공부를 얼마나 안 하나 수치로 알고 싶어서 공부를 시작할 때 한 번 누른 후 좀 했다 싶었을 때 다시 스톱워치를 봤다. 신기하게도 10분이 흘러 있었다. 딱 10분. 피식 웃었던 것으로 기억한다. 분명 1시간은 한 것 같은데 냉철한 스톱워치는 그저 '10:00:00'이라고 나를 비웃는 듯이 깜박이고 있었다.

이번엔 확실히 위기의식을 느꼈다. 어떻게 집중할 수 있을까. 스톱워치를 집어 들고 10분을 하루에 1분씩 늘려갔다. 중간에 전화가 와서 받는 시간은 중지시켰다가 다시 재는 등 나름 나 자신에게 양심적으로 다가갔던 것 같다. 그렇게 20분, 40분, 1시간이 되던 날 자축 파티로 혼자 치킨을 시켜 먹었던 것까지 생생하게 기억난다.

그렇게 1시간을 깜박이는 스톱워치를 보았을 때 지금까지의 공부는 그저 시동에 불과하겠구나 싶었고, 최소한 1시간은 바짝 집중해서 해야 되겠다는 생각과 동시에 점차 스톱워치에 깜박이는 집중력 시간을 몇 분씩 늘려갔다. 김재훈인

05.
위기에 대처하는 네 가지 마음가짐

꿈을 향한 항해에서 위기라는 폭우를 만날 때가 있다. 위기에 어떻게 대처하느냐에 따라서 꿈을 꾸느냐, 꿈을 이루느냐가 결정된다. 학창 시절 나에게도 수많은 위기가 있었다. 위기를 겪고 극복할 수 있었던 4가지 에피소드를 소개하고자 한다.

1. 시간이 지나면 위기도 추억이다

고등학교 시절 나는 미국에서 낙오된 적이 있었다. 때는 고등학교 1학년 말 학교에서 이공계 체험이라는 명분으로 미국 스탠퍼드 대학을 가볼 수 있는 기회가 있었다. 기념품에 한눈팔다가 친구 한 명이랑 같이 일행을 놓쳤다. 미국 대학이 워낙 넓고 당시 핸드폰도 없어서 타지에 홀로 남겨진 나는 잘못하면 한국으로 돌아가지 못할 뻔했다. 그때 느꼈던 위기감이란 말로 설명하기 힘들다. 그 넓은 학교를 얼마나 뛰어다녔는지 모른다. 결론적으로 운이 좋아 일행을 찾을 수 있었지만 고등학교 1

학년이던 내게는 엄청난 위기였다. 하지만 지금 생각해보면 웃고 넘길 수 있는 재미있는 에피소드일 뿐이다. 오히려 길을 잃어버린 덕분에 스탠퍼드 곳곳을 돌아다닐 수 있었다. 지금도 같이 길을 잃어버렸던 친구와 만나면 항상 그 이야기를 하면서 추억 속으로 돌아간다.

한때 위기가 있다 하더라도 시간이 지나면 웃게 되는 경우가 있지 않은가. 어떠한 위기이든 지나간다. 지금 힘들 뿐 지나고 나면 아무것도 아니다. 따라서 위기에 너무 연연할 필요가 없다. 지금 이 위기도 나중엔 웃고 넘길 수 있는 에피소드가 될 것임을 믿자.

2. 위기를 만났다면 먼저 위로를 받아라

중학교 시절 가장 큰 위기는 영재고 입시에 떨어져 큰 상실감에 방황하던 시점이 아니었나 싶다. 워낙 열심히 준비했고 기대했었기에 실망이 컸다. 불합격 통지를 받은 날, 나는 아직도 그때를 잊을 수 없다. 영재고에 떨어진 후 그 큰 상실감을 딛고 다시 일어나 과학고에 도전할 수 있었던 이유는 부모님의 따뜻한 한 마디 위로 덕분이었다. "수고했다. 넌 최선을 다했어." 진심이 담긴 이 한 마디가 필자에게는 큰 위로가 되었다. 누군가가 나를 이해해준다는 점에 위안을 받았다. 그리고 다시 일어날 수 있었다.

지금 위기에 빠져 있거나 동기부여가 부족하여 잠시 쉬고 있을 때 가장 필요한 것은 진정성 있는 위로이다. 진정성 있는 위로를 받았을 때 다시 위로 도약할 수 있다. "사람은 위기를 맞아도 성공할 수 있지만 위로를 받지 못하면 성공할 수 없다."라는 말이 있다. 너와 가장 가까이 있는 사람, 너를 위로해줄 수 있는 사람을 찾아가라. 누군가 너를 진심으로 위로해줄 때까지 찾아라. 바로 주변에 그런 사람이 있다는 것만으로도 복 많은 사람이다. 그렇게 위로를 받는다면, 받을 수 있다면 너는 다시 일어날 수 있다.

3. 도전에 지칠 때는 잠시 아래를 보자

대학교 입시를 준비하면서 고3병이 찾아온 적이 있다. 대학 입시 전 열심히 공부했지만 원하는 성적이 나오지 않았고 지금까지 열심히 했지만 과연 내가 목표를 이룰 수 있을지에 대한 의구심이 들었다. 심지어는 원하는 대학을 포기할까 하는 생각도 했었다. 그 당시 학교 담임선생님과 입시 상담을 하면서 대학지원 원서를 쓰기 전 활동했던 내역을 쭉 정리한 적이 있었다. 생각보다 많은 일이 있었고 언제 그런 걸 했지 싶을 정도로 멀리 와 있는 나를 만날 수 있었다. 그렇게 다시 자신감을 얻을 수 있었다.

위기를 마주쳤을 때 위가 아닌 아래를 보자. 그동안 열심히 했지 않은가. 도전을 시작하기로 마음을 먹었든, 도전하고 있는 중이든, 그동안의 도전과 노력이 있었을 것이다. 때로는 이런 것들을 다시 돌아볼 필요가 있다. 마치 추억을 회상하듯이 지금까지 성취한 것들, 고생한 것들을 생각해보자. 그동안 네가 어떠한 고난과 고통을 받았는지는 잘 모르겠지만 정말 큰 다짐을 하고 열심히 걸어왔을 것이다. 생각보다 많이 왔다. 이 정도의 성취를 거둔 것만으로도 너는 가치 있는 사람이다. 자신감을 갖자.

4. 위기를 잘 보면 기회가 숨어 있다

중학교 시절 낯을 많이 가리던 때가 있었다. 특히 무대 위에만 서면 머리가 하얘지면서 위기감을 느끼곤 했다. 고등학교 입학식 날 맨 앞에 앉아 있다는 이유로 교장 선생님께서 신입생 즉석 소감 연설을 하라고 하셨다. 눈앞에는 앞으로 같이 지낼 100명이 넘는 동기들과 학부모님 들, 선생님들이 계셨다. 차마 교장 선생님이 시키셨는데 하지 않고 내려 갈 수도 없는 상황이었다. 강단 위에 올라가니 모두의 시선이 나를 향했 다. 굉장히 민망했고, 그 상황에서 쭈뼛쭈뼛 이야기하다 내려오는 망신 은 당하고 싶지 않았기에 나 자신에게는 큰 위기의 순간이었다.

'어떻게 이 상황을 무사히 넘길 수 있을까?' 사실 당시에는 아무 생각 이 없었지만 이 상황이 나에게 기회가 될 수도 있다고 억지로 자각시켰 다. 무슨 힘이 발휘되었는지 다행히 성공적인 연설을 할 수 있었다. 아 직도 그때 내가 무슨 말을 했는지 잘 기억나질 않는다. 하지만 그때 같 은 자리에 있었던 친구들은 모두 나를 말 잘하는 친구로 기억하고 있다. 때로 위기는 기회이기도 할 때가 있다. 그것을 기회로 보느냐 위기로 보 느냐는 본인에 따라 달라지는 것 같다.

나는 개그맨 유재석을 참 좋아한다. 그가 나오는 프로그램은 항상 믿고 보게 된다. 그가 언젠가 방송에서 다음과 같은 말을 한 적이 있 다. "진짜 위기가 먼지 아십니까? 위기인데도 불구하고 위기인 것을 모 르는 것이 진짜 위기입니다. 그보다 더 큰 위기가 뭔지 아십니까? 위기 인줄 알면서도 아무것도 하지 않는 것이 더 큰 위기입니다." 모든 가치 있는 도전은 불안함과 유혹이 존재한다. 그래서 위기는 찾아온다. 하지만 그 위기를 피하지는 말자. 그리고 이왕 맞는 위기를 기회라고 생각해 보자. 혹시 아는가, 당신이 생각하는 위기 속에 금쪽같은 기회가 숨어 있을지. 홍석일

06.
재밌는 이야기에는 언제나 우여곡절이 많다

2011년, 드디어 삼수생의 신분을 벗어던지고 대학교에 입학했을 때 가장 먼저 했던 일은 유럽 배낭여행을 위한 비행기 티켓을 예매하는 것이었다. 가장 친한 친구가 나와 함께 여행을 가기 위해 내가 재수, 삼수를 하는 동안 무려 2년이나 기다려주었기 때문이다. 8월에 출발하는 티켓을 구입한 후 들뜬 마음에 디지털카메라를 사고 3월부터 예쁘게 사진 찍는 법을 연습했다. 그리고 대망의 8월, 드디어 독일 뮌헨으로 가는 비행기에 올랐다.

카메라를 꺼내 기내식이며 셀프카메라며 바깥 풍경까지 꽤 많은 사진을 찍는 사이에 무사히 뮌헨에 도착했다. 짐을 찾은 뒤 공항 리무진버스를 타고 한참을 달려 중앙역으로 나와 근처 숙소에 도착하니 어느덧 저녁 5시 무렵, 첫 숙소가 꽤 마음에 들어서 사진을 찍어두려는데 그만 문제가 발생하고 말았다. 카메라가 감쪽같이 사라진 것이다! 크고 무거운 트렁크를 헤집어 모든 짐을 다 꺼내고 탈탈 털어보았지만 나의

지 않았고 나는 하얗게 질려서 루프트한자 항공사, 뮌헨 공항, 리무진 버스회사까지 전화를 걸기 시작했다.

내가 영어나 독일어를 아주 유창하게 구사하는 건 아니다. 그런데 상황이 너무 급박해지니까 말이 술술 나왔다. 공항에 직접 가려고 뮌헨 시내 한복판을 뛰어가서 처음으로 트램이라고 부르는 전차도 타게 되었다. 우리나라와는 방식이 달라서 어리둥절하고 있는데 독일인 할머니가 도와주셨다. 나는 짧은 독일어로 겨우 말하고, 할머니는 내가 이해하기 쉽게 영어로 더듬더듬 말하는 상황이었다. 도움을 받아 되돌아가 보았지만 누가 집어갔는지 어느 분실물 센터에서도 찾을 수 없었고, 결국 그 다음날 나는 독일의 백화점을 맨 먼저 들러 카메라를 사야만 했다. 사진밖에 남지 않는 게 여행이고, 심지어 어렵게 유럽에 왔는데 빈손으로 되돌아갈 수는 없지 않은가.

첫날부터 예상치 못한 일이 일어났기 때문에 낯선 땅에서의 긴장이 풀렸다. 여행하는 동안 사용할 수 있는 예산이 줄어들었기 때문에 식사비가 조금 부족해서 현지 주민들이 주로 이용하는 마트에서 장을 보고, 현지인과 비슷한 옷차림으로 돌아다니기 시작했다. 심지어 내가 현지인인줄 알고 길을 물어보는 사람도 있어 재미있는 일이 많았다. 이런 일이 있었기 때문에 뮌헨은 나에게 인상 깊은 추억이 많은 도시가 되었다.

뒤돌아보면 우여곡절이 많았던 곳이 더욱 생생하게 기억에 남는다. 심지어 아주 사소한 것들, 사람들과 나누었던 대화 내용이나 그 당시 느꼈던 기분 같은 것까지 말이다. 하루하루 평탄했던 기억은 그저 하나의 사진처럼 장면의 하나로만 남는 경우가 많다. 소위 '삽질'한 이야기가 훨씬 더 재미있다.

위기의 순간에도 무너지지 말아야 하는 이유

우리는 왜 동화책을 읽거나 드라마를 볼 때 혹은 게임을 즐길 때 희열을 느끼게 될까? 드라마나 영화에 빠지면 안 되는 필수 요소가 바로 '갈등'이다. 고등학생들은 소설을 구성하는 주요 재료가 '갈등'이라는 것을 수업 시간에 배우니 잘 알 것이다. 어릴 때부터 읽어온 모든 옛날이야기와 동화책에는 고난이나 악, 두려운 존재가 등장하고 주인공은 결국 그것을 극복해낸다.

게임에서는 '나쁜 놈'을 깨야 다음 단계로 넘어갈 수 있다. 일종의 위기상황이 계속 주어지는 것이다. 게임이 단조로우면 사용자들은 시시해서 재미없다고 생각한다. 단계적으로 어려운 미션이 주어지고 결국 가장 깨기 어려운 '끝판왕'의 존재가 있는 것도 다 같은 맥락이다. 이 덕분에 같은 게임에 다시 도전하는 계기가 된다. 어려움은 그 내용을 좀 더 풍성하게 만들어주는 것이다.

살면서 어려움이 없는 사람이 있을까? 고민이 없는 사람이 과연 있을까? 아무리 생각 없어 보이는 사람이라도, 반대로 정말 성공한 것 같은 사람도 내면 깊은 곳에는 어려움이 있기 마련이다. 할 일이 너무 많아서 힘들거나 너무 없어 무료하거나, 가족과 친구처럼 가까운 사람들과의 관계 속에서 어려움이 생기거나, 경제적으로 여유가 없어 고민일 수도 있다. 이렇게 누구에게나 주어지는 것이라면 그것에 괴로워만 하기보다는 담담히 인정하고 그 다음 단계로 나아갈 방법을 찾아보는 것이 낫다. 극복하는 과정에서 더 큰 성장을 할 수 있기 때문이다. 또한 우리의 삶이 더욱 풍성해질 수 있기 때문이다.

언제나 위기는 도사리고 있다. 그리고 그 위기를 극복하며 얻을 수 있는 지혜는 책 속에서 찾을 수 있는 단순한 지식보다 훨씬 가치 있다. 나는 언젠가부터 위기에 처할 때마다 백신을 맞는다는 생각을 하게 되었다. 지금 잠깐 따끔하면 설령 더 큰 위기가 찾아오더라도 덜 흔들릴 수 있을 것이다. 경험해보지 않았는데 나이 든다고 저절로 알게 되는 것은 없다는 것을 깨닫게 되자 오히려 나이든 후에 위기를 맞는 게 훨씬 더 큰 타격일 것이라고 믿게 되었다.

한 방송에서 박신양이라는 배우가 본인의 러시아 유학 당시의 경험을 들려주었다. 가장 힘들었을 때 교수님께 조언을 요청했는데 한 시집을 추천받았다고 한다. 그 시집에는 "왜 당신의 삶이 행복하기만 해야 한다고 생각하십니까?"라고 쓰여 있었다. 그는 행복하지 않은 부분도 자신의 삶이라는 사실을 인정하고 그것까지 품을 줄 알아야 한다고 했다. 내게 큰 울림을 주는 메시지였다. 인생이라는 드라마를 재밌게 꾸려나가고 싶다면, 지금의 우여곡절에 잠깐은 삐끗하더라도 너무 좌절하지는 않기를 바란다. **권소라인**

07.
멘토는 가까운 곳에 있다

누구나 어떤 결정의 갈래에 서게 되면 고민이 많다. 그중 진로 부분에 있어서의 결정은 많이 힘들며, 위기라고 생각할 수도 있다.

중학교에 갈 때 처음으로 위기를 겪었다. 국악중학교 입학시험을 보기로 맘먹었던 나는 다른 아이들과는 달리 선행학습을 전혀 하지 않았으며, 실기 연습 외의 공부는 소홀히 한 상황이었다. 한 마디로 떨어지면 인문계 중학교에 가서 처음부터 다시 공부해야 하는 상황이었다. 안타깝게도 국악중학교에 떨어졌고 개인적으로 첫 번째 위기라고 생각하는 순간이 내게 찾아왔다. 다른 아이들에 비해 공부를 월등히 잘한 상태에서 잠시 논 것이 아니었기 때문에 다시 인문계를 간다고 생각하니 스트레스로 인해 매일 먹지도 못했던 것으로 기억한다.

그러던 와중에 아버지는 "네가 열심히 준비한 걸 안다. 정말 몇 걸음 앞에 두고 떨어졌을 거야. 너무 지금 순간에 좌절할 필요는 없어. 그 길이 절실하다면 재수를 하는 방법도 있다. 대학교 갈 때만 재수하는 것은 아니니. 지금 네가 절실히 필요하다고 느낀다면 아빠는 뒤에서 열심히 밀어주마."라고 말씀하셨다. 초등학교 때부터 적성을 찾아서 적극적으로 밀어주던, 자기가 좋아하는 일을 하면서 살기를 원하는 부모님의 조언이었으며 아들을 위한 진심이었다고 생각한다. 하지만 재수를 하기엔 아직 국악을 전공하는 것에 대한 확신이 없었기 때문에 일단은 일반 인문계로 진학했다. 일반계로 진학한 후 공부를 그다지 잘하지 못했다. 그러자 다시 부모님께서는 "다시 한 번 국악고등학교를 준비해보는 것이 어떻겠니?"라고 말씀하셨고, 중1 당시에 좀 생각해본 다음 바로 부모님 말씀대로 따랐던 것 같다. 그렇게 고등학교에 진학했고 그 후에도 많은 조언을 해주시면서 좋은 대학교에 가기를 원하셨다. 중학교뿐만 아니라 고등학교 때까지도 부모님 말씀을 그저 그게 맞는 길이겠거니 하고 따랐던 것 같다. 그리고 지금 이렇게 대학생이 되었다.

이렇게 이야기하면 전형적으로 부모님 말씀 잘 듣는 착한 아이 정도로 느낄 수도 있겠지만 사실을 말하자면 엄청나게 심각한 사춘기도 겪

었고 방황도 꽤 했다. 요점은 내 인생에 있어 멘토는 아버지였다는 점이다. 지금도 아버지는 내가 하고자 하는 일에 대한 조언을 아끼지 않는다. 아버지라는 존재는 지금까지의 내 인생을 잡아준 분이자 가치관을 설정해준 분이다. 위기 때마다 아버지는 멘토로서 당신의 생각을 전했고 나는 그걸 열심히 받아먹었으며, 말씀하신 바를 당신의 인생을 통해 몸소 보여주셨기 때문에 듣는 것 외에도 열심히 보며 자랐던 것 같다.

멘토를 정할 때 보통은 직업과 관련한 멘토를 우선하는 경향이 있는데, 직업에 한정하지 말고 자신에게 꿈에 대한 영감, 인생의 가치관을 심어주는 사람을 멘토로 삼는 것이 더 중요하다고 생각한다. 사회적으로 성공하지 않은 사람이어도 좋다. 멘토의 어떤 점이 자신에게 영감을 주었는지 그것을 일단 모방하는 것부터 출발해보자. 내 삶의 멘토인 아버지께서 자주 하시는 이야기를 전하며 맺고자 한다.

"쉽진 않겠지만 이 위기를 제쳐두고 잠시만 뒤를 돌아보자. 지나온 위기 때도 분명 무지막지하게 힘들었고, 이러다가 실패한 인생이 되는 것이 아닌가라는 위험한 상상이 들었었지. 좌절이라는 게 이런 것이구나 싶은 순간을 지나쳐온 지금 다시 한 번 그때를 돌아보면 너무나 작은 일이었다는 것을 알 수 있을 거다. 참 별거 아니지. 당시엔 억눌려 죽을 것 같다고 느꼈던 큰일들이 지금 보면 그냥 지나쳐 가는 인생의 한 부분, 소소한 일이었다는 것을 분명히 기억하도록 해라. 그러니 지금 이 위기도 나는 네가 무난히 잘 넘기고 보다 나은 미래를 맞이할 것이라고 믿는단다." 김재훈

08.
조급함은 슬럼프를 해결해주지 않는다

악기 연주, 아니 대부분 예체능을 전공하고자 하는 사람들에게 슬럼 프는 생각보다 자주 찾아오는 것 같다. 매일 어느 정도 시간을 투자해서 악기를 탔었던 적이 있었는데 생각보다 실력이 늘지 않아 나 자신에게 실망했고, 내가 정말 국악을 하는 것이 맞는 건지까지 의문이 들어서 상 당히 깊숙이 슬럼프가 찾아왔던 것으로 기억한다. 악기를 시작하고 2~3 년이 지난 후였을 것이다. 늘지도 않는 악기를 계속 타고 있자니 내 자 신이 참 한심하다는 생각과 동시에 어떻게 하면 실력이 늘 수 있을지 애 가 탔다. 다른 애들보다 악기를 잘해야 대학 잘 가지, 내신도 올려야지 다양한 스트레스로 엄청 조급하게 굴었다.

고등학교 2학년 때 처음 대회에 나가게 되었다. 학교의 다른 친구들 은 대회에서 상을 많이 타오는 상황이었기 때문에 나도 빨리 상을 타야 겠다는 생각이 들었다. 그런 와중에 대회 공고가 났고 열심히 준비해서, 최선을 다해 악기를 연주하고 대회장을 나왔다. 하지만 결과는 참담하게도 예선 탈락. 사실 많이 실망했다. 나는 안 되는 것인가, 이대로 악기를 계속해야 하는 것인가 등 오만 가지 생각이 다 들었다.

문득 나는 아직 준비가 안 된 것일까라는 생각이 들었다. 친구들이 나가니 나도 대회에 나가는 것이 아니라 내 실력이 아직 상을 탈 수 있는 정도가 아니라는 결론이 내려졌다. 그 후 연습을 제법 했다. 하루에 2시간이었던 연습 시간을 5시간 정도로 늘렸다. 여전히 다른 친구들에 비하면 상장이 하나도 없던 상황이었으나 신경 쓰지 않았다. 사실 연습 시간이 늘어나면서 연습을 원 없이 했다는 것에 어느 정도 만족했었기 때문에 첫 번째 대회 때와는 달리 두 번째 대회 때의 마음은 조금 홀가분했었다. 왠지는 모르겠지만 평소 그대로 연주하고 나왔다.

결과는 예상치도 못하게 1등이었다. '할 수 있을 것이다. 그리고 나는 내가 하는 일을 좋아하고 즐긴다'는 자기최면이 좋은 결과를 가져왔으며, 제일 중요한 이유는 조급함을 버렸다는 점이다. 조급함은 자기 자신에게 독이 될 수 있으며, 조급함을 버리는 것이 모든 일을 순탄하게 해결할 수 있는 방법이라는 것을 알게 되었다. 또 악기를 처음 시작했을 때 그저 좋아서 했던 초심도 중요하다. 그 마음을 잊어서는 안 되겠다는 생각도 동시에 들었다.

슬럼프는 남들보다 자신이 제일 먼저 느낀다. 그런 순간이 온다면 일단 나 자신을 믿는 것이 중요하다. 난 할 수 있고 나는 누구보다도 이 슬럼프를 빠르게 극복해서 더 나은 미래를 만들어나가겠다는 의지를 기반으로 슬럼프를 뛰어넘자. 나는 할 수 있다. 그리고 나는 해낼 것이다. 슬럼프를 극복하고 마침내 이룰 여러분의 꿈을 응원한다. 김재훈

09.
슬럼프와의 전쟁에서 이기는 방법

　나는 중·고등학교 시절을 통틀어 딱 한 번 공부를 포기한 적이 있었다. 사춘기도 그냥 지나갈 정도로 성격도 둥글둥글하고 스트레스도 받지 않는 편이었는데, 고등학교 3학년 봄에 갑작스럽게 극심한 우울증이 찾아왔다. 우울증이 언제 어디서부터 무슨 이유로 시작되었는지는 모르겠지만, 그 느낌을 묘사해보면 분노나 짜증보다는 아무것도 하고 싶지 않은 무기력함에 가까웠다. 내가 하고 있는 공부와 매일 계속되는 일상에 어떠한 흥미도 의미도 느끼지 못하는 상태였다. 나는 평소에 자기 긍정이 강하고 자존감도 높은 사람이었지만, 그 슬럼프 기간 동안에는 스스로에 대해 어떠한 가치나 의미도 찾을 수 없다는 회의적인 생각만 들었던 것 같다.

　어느 날 보다 못한 부모님께서 나를 데리고 무작정 여행을 떠나셨다. 전라도 남쪽 바다에 있는 여러 개의 섬을 다니면서 유람선도 타보고 맛있는 음식도 먹고 바다에 발을 담그면서 말 그대로 휴식을 취했다.

여행 동안 부모님은 나에게 직접적으로 "너는 뭐가 그렇게 문제니? 뭐가 그렇게 스트레스니?"라고 묻지 않으셨다. 다만 좋은 풍경을 보고 좋은 소리를 듣고 맛있는 먹거리를 먹게 해주셨다. 지금 생각해보면 방구석에 눌러 앉아 잠만 자는 자식에게 밖에 나와서 좋은 것들을 보고 듣고 먹게 하는 것이 필요하다고 생각하신 것 같다.

결과부터 말하면 그 여행 자체가 나를 바꾼 것은 아니다. 그러나 다시 기운을 차리도록 새로운 동력을 준 것은 나에게 여행의 기회가 있었다는 사실이다. 나를 위해 시간을 내주신 부모님에 대한 감사함도 컸지만 고등학교 3학년 때 모든 것을 멈추고 과감하게 여행을 다녀올 수 있는 기회가 있었다는 것에 감사했다. 우울함에 빠져 있을 때는 스스로에 대해 긍정하는 마인드가 전혀 없었는데, 여행을 통해서 '나에게는 기회와 시간이 있다'는 긍정적인 요소를 하나 발견하게 되었다. 모든 것이 무의미하다고 여겼던 생각은, 스스로에게 기회와 시간이 있다는 사실을 인식하면서 앞으로 내가 그것을 이용해 의미 있는 것들을 만들어나가면 된다는 식의 긍정적인 사고로 바뀌었다.

그 후 나는 주어진 환경 속에서 기회라고 생각되는 것들을 찾기 시작했다. 그리고 스터디플래너에 있는 메모 여백에 그 '기회'들을 하나씩 써내려갔다. 누가 나에게 준 기회인지, 이 기회를 어떻게 활용하면 내가 더 발전할 수 있는지, 이 기회가 앞으로 어떤 의미를 가지게 될지 아주 세세하게 기록했다. 아주 일상적인 생활들도 '기회'라는 관점에서 보면 앞으로 그것을 어떻게 활용할지 생각해보게 된다. 그것은 곧 그 기회로 무엇을 할지를 의미한다. 다이어리를 채워가는 것처럼 내가 가지고 있는 기회들로 종이 한 장 한 장을 채워나갈 때마다 마치 스스로가 부자라도 된 듯 뿌듯함이 느껴졌다.

결국 메모 쓰기를 통해 스스로에게 많은 기회가 있다는 것을 자각한 것만으로도 엄청난 자기 긍정이 되었고, 그때부터 자신감과 자존감이 다시 회복되기 시작했다. 그 덕분에 스스로 다시 생각하고 움직이게 되었다. 지금 있는 기회들을 활용해서 끊임없이 무엇인가를 하다 보면 가치 있는 무엇인가를 만들어낼 것이라는 생각을 하게 된 것이다.

개인 각자가 슬럼프를 극복하는 방법은, 슬럼프의 원천이 다양한 만큼 그 길도 다양할 것이다. 하지만 나와 같은 이유로 슬럼프를 겪는 사람들이 있다면, 속는 셈 치고 각자 수첩이나 메모장에 자신이 가진 기회가 무엇인지를 써보기 바란다. 기회를 많이 써내려갈수록 스스로에게 주어진 가능성이 얼마나 무궁무진한지 알 수 있고 기회가 있다는 사실에 대한 감사함과 그 기회가 자신에게 가져다줄 다양한 경험과 미래에 대한 기대감 등을 느낄 수 있을 것이다. 슬럼프를 겪고 있지 않은 상태라도 지금부터 내게 주어진 모든 것을 '기회'의 관점으로 바라보고, 그 기회를 어떻게 활용해서 무엇을 할 것인지 생각하며 하루하루를 보내길 바란다. 그런 관점으로 매일을 바라보면 삶의 재미와 보람을 찾을 수 있을 것이라 자신한다.

십대들이여, 진로를 탐하라!

PART 3

학업은 꿈을 위한
최소한의 예의

01.
내 꿈에 필요치 않은 공부는 과감히 버려라

공부를 하는 사람들을 보면 크게 3가지 유형으로 나눌 수 있다.

A. 이상적 공부자

　: 나의 꿈, 목표가 뚜렷하여 이를 이루기 위해 공부하는 사람

B. 영리한 공부자

　: 현재 뚜렷한 꿈은 없지만, 미래의 꿈을 위해 공부하는 사람

C. 수동적 공부자

　: 왜 공부를 하는지도 모르겠고, 그냥 누군가 시켜서 공부하는 사람

당신은 여기서 어떤 유형의 사람인가. 자신의 유형을 선택하고 각
유형을 따라가 보자.

A. 이상적 공부자

가장 이상적이며, 공부하는 이유에 대해서 의심 없이 가장 의미 있게 공부를 해나가는 사람들이다. 나는 운이 좋게도 이 분류에 해당되는 사람이었다. 중학교 1학년 때부터 꿈이 치과의사였고, 지금도 그 꿈을 이루기 위해 하루하루 노력하고 있다. 지금 생각해보면 어떻게 내가 나의 평생을 결정할 수도 있는 꿈을 어린 나이에 정할 수 있었을까 하는 생각도 많이 든다. 하지만 미리 말했듯이 이런 경우는 드물며, 말 그대로 매우 이상적인 경우일 뿐이다. 어릴 적에 자신이 무엇을 잘하고, 무엇을 좋아하는지 아직 명확하게 정해지지 않은 상황에서 자신의 꿈을 정하는 건 그리 쉬운 일이 아니기 때문이다. 분명 누군가에게 영향을 받아 내가 정말 좋아하는 일인지도 모르면서 정하는 경우가 더 많다. 즉, 자신의 이해가 부족한 상황에서 꿈이 결정되는 경우가 많다는 이야기이다. 어떻게 보면 매우 부정적으로 보일 수 있지만 꼭 나쁜 경우는 아니라고 생각한다. 꿈을 제시해준 그 누군가는 분명 오랜 기간을 살아오면서 어린 떡잎의 잠재력을 파악하여 앞으로의 길을 제시해주는 경우일 수도 있기 때문이다. 하지만 이건 잊지 않았으면 좋겠다. 누군가에 의해서든 또는 내 자신이 그 꿈을 갖고 싶어 했든지 간에, 그 꿈이 정말 내 자신이 원하는 것인지 끊임없이 고민하면서 살아야 한다. 만약 정말 내 꿈에 대해 확신을 갖게 된다면, 이제는 계획을 짜야 한다.

'꿈을 이루기 위해서 내가 해야 하는 것이 무엇인가?'
'가장 우선적으로 필요한 것은 무엇인가?'

'내가 잘할 수 있는 부분은 무엇인가?'

이런 사고를 중심으로 공부를 필요한 것과 필요하지 않은 것으로 나누어야 한다. 예를 들어 꿈이 생명공학 분야의 과학자라면 언어나 외국어 만점은 필요 없다. 물론 만점 받으면 더 도움이 된다는 것을 부정하진 않겠다. 하지만 언어와 외국어를 어느 정도 수준으로 맞추었다면, 과학, 특히 생물에 대해서는 남들보다 월등히 뛰어난 자신의 잠재력을 보여줘야 한다. 입시는 단순한 점수의 전쟁이 아니다. 그렇다면 굳이 면접이나 입학사정관제도를 운영하지 않을 것이다. 분명 그 이상을 보기 위해서 귀찮지만 2차, 3차 전형까지 만들어낸 것이다. 그때 자신이 그 분야에서 남들보다 더 뜻이 있고, 더 열정적이며, 더 공부를 해왔다는 것을 보인다면 다른 영역의 점수는 면접관 눈에 들어오지도 않을 것이다.

또 다른 예를 들어보자. 영문학과나 영어교육과 등에 들어가고 싶은 문과학생의 경우, 수학에 투자하는 시간을 조금 줄여서라도 영어에 좀 더 투자해야 한다. 특히, 이 분야에서 더욱 돋보이고 싶다면 토익, 토플, 텝스 등을 통해 남들과는 다른 영어 실력을 보여야 한다. 왜냐하면 이런 전공의 면접관들은 수학 점수가 높은 학생보다 영어 점수 및 공인영어 점수가 높은 학생을 더 좋아할 수밖에 없기 때문이다.

같은 노력을 기울였을 때 입시는, 결국은 시간 싸움이다. 그렇다면 굳이 모든 과목을 잘해야겠다는 생각보다는 내가 꿈을 꾸고 있는 분야에 대해서 더욱 집중하고, 그와 관련된 대외적인 수상 실력이나 활동 등을 이루어내는 것이 장기적으로 더 좋은 선택이라고 생각한다. 지금 당장 필요한 것과 필요하지 않은 것을 정해야 한다. 그리고 그에 따라 과감히 버리고 선택하여 모든 것을 걸고 노력하자. 그렇다면 어느 순간 당신은 꿈에 가장 가까워진 사람이 될 것이다.

B. 영리한 공부자

이 분류에 속한 사람들은 자신의 미래를 준비하고 있는 영리한 사람들이라고 생각한다. 지금 당장 나의 꿈이 없음에도 열심히 공부하고 있는 사람들은 꿈을 이루기 위해 공부하는 사람들보다 오히려 마음을 다잡고 노력하기가 더 어려운 것이 사실이다. 그럼에도 불구하고 마인드 컨트롤을 잘 해내고 노력하는 모습은 오히려 내가 본받을 점이라고 생각한다.

사실 내 친구가 이 분류에 해당된다. 고등학교 때 나의 좋은 경쟁자이자 가장 친했던 친구에게 질문을 한 적이 있다. 너는 꿈이 무엇이냐고. 매우 좋아하던 친구였기에 멋진 꿈을 향해 노력하고 있는 감동적인 모습을 예상했지만, 대답은 매우 담담하고 현실적이었다.

"나는 현재 꿈이 없어. 하지만 나중에 내 꿈이 정해졌을 때, 대학이나 공부 성적이 내 발목을 잡게 하긴 싫다. 그런 미래는 내가 용납하지 못할 것 같아."

담담하게 뱉은 이 대답은 나에게 매우 충격적이었고, 이 친구를 다시 보게 된 계기가 되었다. 그 후로도 졸업할 때까지 꿈을 정하지는 못했지만, 대학에 들어가서 다양한 사람들과 만나면서 꿈을 그려가기 시작하더니 관심 분야로 복수전공까지 하여 결국 자신의 꿈을 제대로 설정하게 되었다. 그리고 지금은 그 꿈에 가장 어울리는 직업을 선택하여 하루하루 멋진 삶을 살고 있다.

지금 당장 꿈이 없고 이루고 싶은 게 없는데 왜 공부를 해야 하냐고 묻는 사람들이 많다. 그럴 때마다 이 친구에 대한 이야기를 해준다. 여러분은 아직 꿈이 없긴 하다. 하지만 그렇기 때문에 매우 다양한 잠재력을 갖고 있다. 그리고 그 잠재력은 언젠가는 터지기 마련이다. 그리고 그 잠재력이 터졌을 때를 위해 지금 공부해야 한다. 미래의 내가 꿈을 정했을 때, 현재의 나에게 고마워할 수 있도록 말이다.

C. 수동적 공부자

어쩌면 현대 사회를 살아가고 있는 대부분의 중·고등학교 학생들이 이 분류에 해당된다고 생각한다. 자신이 왜 공부를 하는지도 모르고, 부모님이나 선생님이 시켜서 억지로 하고 있는 사람들, 그것이 우리 시대의 학생들이 아닐까 생각한다. 그리고 이는 매우 불행하고 슬픈 상황이다.

나는 지금 당장의 성적보다 내 자신이 무엇을 좋아하고, 무엇을 하고 싶고, 무엇을 하며 살아가고자 하는지를 먼저 고민해봐야 한다고 생각한다. 지금 영어 단어 10개를 외우는 것보다 앞으로 무엇을 하면서 살아야 내가 멋진 인생을 살 수 있을까라는 고민을 먼저 했으면 좋겠다. 그래서 A분류의 사람이 되면 매우 좋고, 그렇지 못하다면 B분류의 사람이 되었으면 좋겠다. A든 B든 C의 인생보다는 더욱 멋지게 빛날 것이기 때문이다.

하지만 나는 어떤 경우이든 공부해야 한다고 말하고 싶지는 않다. 공부와는 전혀 별개의 전공을 선택하는 사람들도 있다. 이 경우라면 공부를 버려도 된다. 내가 연극을 하고 싶다면, 지금 당장 연기 학원에 다녀야 한다. 부모님이 반대를 하든지 안 하든지 일단 부딪혀야 한다. 그리고 그곳에서 한 번 자신의 부족한 실력을 깨달았으면 좋겠다. 그럼에도 미칠 듯이 하고 싶다면 연기 학원을 다니면서 공부는 오히려 부수적으로 했으면 좋겠다. 너무나 당연하게도, 예비 연기자를 뽑는 대학이나 회사가 공부 성적으로 당락을 결정하진 않기 때문이다.

공부는 여러분이 꼭 해야 하는 의무가 아니다. 하지만 자신의 꿈이 공부와 조금이라도 관련이 있거나 있을 것 같다면, 자신의 모든 것을 걸고 그와 관련된 공부를 해야 한다. 만약 필요하지 않다고 생각되는 공부가 있다면 그 공부를 위해 쓸 시간을 다른 공부를 위해서 투자해야 한다. 결국 앞으로 자신이 무엇을 하든지 공부는 자신의 꿈에 대한 예의라는 것을 잊지 말았으면 한다. 남민호

02.
언제까지 남에 의해서 살아갈 것인가

나는 전라북도 부안이라는 지방에서 고등학교를 졸업했다. 마땅한 입시 학원도 없었고, 학교와 거리도 멀어서 학원을 제대로 다녀본 적도 없다. 그렇기에 나는 누군가의 도움을 거의 받지 못하면서 공부를 해왔다. 입시 정보에 대해 물어볼 사람도 없었고, 궁금한 게 있으면 오로지 혼자 모든 것을 찾아봐야 했다. 심지어 공부도 늦게 시작한 타입이라 몇몇 과목을 제외하고는 학교 속도에 맞출 수도 없었다. 그래서 대부분의 과목을 독학하거나 EBS의 힘을 빌렸는데, 이렇게 남의 도움을 최소화로 받으면서 어떻게 좋은 성적을 거둘 수 있었을까? 정답은 자기주도적인 공부를 했기 때문이다. 남이 아니라 나 스스로 공부에 대한 필요성을 깨닫고, 스스로 공부 계획을 짜고, 스스로 공부해나가는 이런 과정을 거쳤기 때문에 남들보다 좋은 결과를 만들 수 있었다. 내가 보기엔 억지로 공부하고 있는 여러분은 정보와 도움의 바다 속에서 그것들을 제대로 활용하지 않는 사람들로밖에 보이지 않는다. 나는 그런 정보나 도움을 받고 싶어도 받을 수 없는 환경이었으니까.

23살 때, 치의학전문대학원 입문 시험인 DEET라는 시험을 준비하기 위해 학원을 다닌 적이 있다. 그 학원은 유명한 강사의 경우 인터넷 접수를 받지 않아 현장에서 밤을 새야 겨우 등록할 수 있었는데, 그 틈에 끼어 있던 나는 그 많은 사람들의 학구열에 놀랐고 내가 이 사람들을 이길 수 있을까라는 위기감마저 들었다. 하지만 이상한 것이 대학생 대상 시험인데도 불구하고 아주머니들이 많이 있었다. 왜일까라는 의문을 갖자 친구가 여러 가지를 대답해줬다.

"공부하거나 다른 일이 있으니 엄마가 밤을 대신 새는 거야. M/
DEET 입시 설명회에 가도 반 정도가 엄마들이잖아. 고등학교 때도
저러는 애들 많았다."

나는 그 순간 엄청난 문화충격을 느꼈다. 23살의 나이를 먹고도 이런 사소한 일까지 부모님의 도움을 받고 살아가고 있다니. 경제력에 대해서 말하는 게 아니다. 내 공부를 위한 그 작은 노력조차 부모님이 다 해주고 있다는 사실은 매우 충격적이었다. 고등학생 때 부모님의 도움을 받는 것은 당연하다. 하지만 꼭 도움을 받아야만 하는 것과 받을 수도 있는 것은 근본적으로 다르다. 나 자신이 할 수 있는데, 왜 부모님이 해주시는 걸 당연하게 여기는 걸까. 내가 그런 친구들에게 경쟁심이나 위기감을 느꼈을까? 절대 아니다. 도대체 언제까지 남에 의해서 인생을 살아갈 것인가.

자기주도적이라고 해서 모든 것을 스스로 하는 것을 의미하진 않는다. 내가 공부의 필요성을 깨닫고 열심히 하려고 하는 의지만 있다면, 공부 방법이나 스킬 등은 선생님들에게 배우면 되기 때문이다.

자기주도적으로 공부할 마음가짐이 되었다면, 이제는 어떻게 공부하는 것이 자기주도 학습일까에 대해 생각해야 한다. 해답은 의외로 간단하다. 남이 짜주는 스케줄이 아닌, 모든 것을 자신이 계획하고 실행하는 것이다. 월별 목표, 주간 목표, 오늘 하루 동안 해야 할 분량 등을 스스로 정하자. 그리고 그런 작은 목표들을 스스로 해나가면서 완료한 것들을 체크하고, 못 한 것에 대해서는 반성하자. 이렇게 하루하루 노력하다 보면 자연스럽게 자기주도적 학습을 하고 있는 자신을 느낄 수 있게 될 것이다.

공부는 여러분의 꿈을 이루기 위한 수단일 뿐이지 목적은 아니다. 그리고 그 꿈을 설정하는 것은 바로 자기 자신이어야 한다. 자신이 꿈을 설정하고 그를 이루어내기 위해 공부하는 사람에게 어느 누가 남에 의해 살아간다고 생각하겠는가. 그리고 그런 사람들이 공부하는 것을 싫어할까? 아니다. 다들 공부해야 한다는 이유를 받아들이고, 스스로 공부하고 있다. 남에 의해서 억지로 공부하고 있는 사람과 스스로 생각하여 공부하는 목적이 뚜렷한 사람 중 누가 더 좋은 성적이 나오겠는가. 이 질문에 대한 대답은 우리 모두가 알고 있다. 그리고 여러분은 그 정답에 해당되는 사람이었으면 좋겠다. 남민호

03.
자기주도 학습이 정답이다

　자기주도 학습이 중요한 이유는 여러 가지가 있다. 이 글을 읽는 여러분 역시 그 중요성을 어느 정도 알고 있으리라 생각한다. 하지만 중요한 줄 알면서도 하기 쉽지 않은 것이 자기주도 학습인 것 같다. 고등학생 때를 되돌아보면 주변에서 계속 자기주도적 학습을 하라고 하는데 솔직히 자기주도 학습이 무엇인지, 어떻게 하는 것인지도 잘 몰랐다. 그리고 무엇보다도 자기주도 학습의 중요성을 진지하게 인지하지 못했던 것 같다. 그러던 와중에 대학 입시, 수많은 시험과 공부를 하면서 나 스스로가 공부를 찾아서 해야 할 때, 중요한 선택을 해야 했을 때 서서히 자기주도 학습이 어떤 것이고 왜 필요한지를 경험적으로 알게 되었다. 그래서 많은 친구들에게 자기주도 학습의 필요성을 말하고 싶다. 하지만 스스로 공부해야 좋다고 하는 뻔한 이야기가 아니라 넓은 의미의 이야기를 해보고 싶다.

　나의 특징 중 하나는 고등학교를 조기졸업했다는 것이다. 그래서 남들보다 일찍 대학교에 입학하게 되었다. 빠른 연생인 것을 고려하면 거의 2년을 일찍 들어온 셈이다. 이것은 내 대학생활에 있어 큰 특징이었고, 이와 관련된 재미있는 에피소드들이 많다. 예전에는 그 사실에 굉장한 자부심을 가지고 있었다. 뭔가 남들보다 빨리 앞서 나가는 것 같았고 대단한 것처럼 느껴졌다. 하지만 시간이 흐르고 앞으로의 진로를 선택해야 하는 시점이 오니 빠른 것만이 좋은 것은 아니라는 생각을 하게 되었다. 대학교는 중·고등학교 때와는 다르게 전공을 선택해서 들어간다. 요즘에는 자유전공이라는 학과도 생겼지만, 학과를 대학 들어와서 정하는 것뿐 선택해야 한다는 사실에는 변함이 없다. 학과 선택은 어느 정도 공부하는 범위가 정해지고, 사회에 나가서 갖게 되는 진로와도 큰 관련이 있기 때문에 중요하다고 할 수 있다. 나 또한 고등학생 시절 대학교와 학과를 신중하게 선택했었지만 대학교에 진학해서 보니 선택의 중요성을 더 크게 느끼게 되었다. 고등학교를 졸업하면서 마지막으로 선생님께서 해주신 말씀이 "삶에서 중요한 것은 속도가 아니라 방향입니다."라는 것이었는데 졸업할 때는 잘 느끼지 못했지만 대학에 들어와 많은 선택에 직면하면서 실감하게 되었다. 나는 어떻게 보면 방향을 잡을 시간에 무작정 속도를 선택한 셈이다. 방향보다는 속도에 집중했고, 스스로 후회를 많이 했다. 인생을 살아가면서 올바른 선택을 하려면 어떻게 해야 하는지, 뭘 해야 도움이 되는지에 관한 고민을 많이 했던 것 같다.

고등학생 때 우연히 읽게 된 책 중에 「사막을 건너는 6가지 방법」이라는 책이 있었다. 사막을 건너는 것을 인생을 살아가는 것에 비유하여 재미나게 이야기를 풀어가는 내용이었다. 정말 재밌게 읽었던 것 같은데, 사막을 건너기 위해 가장 중요한 것이 방향을 잡는 것이라는 말이 있었다. 드넓은 사막 한 가운데에서는 길을 알려주는 이정표 하나 없고 모든 방향이 다 똑같이 보인다. 때문에 자칫하면 완전히 다른 방향으로 돌아갈 수도 있다. 우리의 삶도 마찬가지이다. 속도는 아무리 빨라봐야 얼마 차이가 나지 않지만 방향이 잘못되면 완전히 다시 돌아가야 한다. 산과 비교하자면 산은 정상이 위에 있기에 방향을 잡을 필요가 없다. 그저 위를 향해서 열심히 오르다 보면 언젠가 정상에 도달할 수 있다. 하지만 사막은 다르다. 사막은 방향이 없고, 어느 누구도 올바른 방향을 알려주지 않는다. 올바른 길로 나아가려면 오직 나침반에 방향을 의지하여 나아가는 수밖에 없다.

자기주도 학습은 본인 스스로 학습의 목표를 잡고 그것을 이루기 위해 노력하는 것을 의미한다. 반면에 타인에 의한 학습은 말 그대로 누군가 제시해준 방향을 따라 학습하는 것을 말한다. 이들을 산과 사막에 비유를 하자면 산을 오르는 것은 타인에 의한 학습이고, 사막을 건너는 것은 자기주도 학습이다. 모든 학습은 출발지와 도착점이 존재한다. 타인에 의한 학습은 길을 제시해주고 그 길만 열심히 가면 도착점에 도달할 수 있다. 그러나 자기주도 학습은 도착점이 있다는 사실만을 전제로 한다. 도착점에 도달하는 길을 자기 스스로 개척해야 하는 셈이다.

단기간의 성과를 내기 위해서는 타인에 의한 학습이 더 효과적일지도 모르겠다. 그저 주어진 길대로 열심히 걸으면 되기 때문이다. 하지만 인생은 장거리 마라톤이라는 말이 있다. 언제까지나 누군가 앞서 길을 안내해주지는 않는다. 결국 타인에 의한 학습은 아무런 도움이 되지 않는다. 오직 도착점에 도달했다는 사실에 위로받을 뿐 타인에 의한 학습은 그 과정을 알지 못한다. 이런 방식으로는 결코 인생이라는 사막을 건널 수 없다. 자기주도 학습은 자기 자신이 주체적으로 학습 방식을 설계해나간다는 점에서 의미를 가진다. 자기주도 학습을 할 수 없는 사람은 자기주도적인 삶을 살 수 없다. 삶 자체가 배움이고 학습이기 때문이다.

예체능, 전략적으로 두 가지 토끼를 잡아라

"악기하면서 공부하기가 많이 힘들지 않으셨나요?"라는 질문을 종
종 받는다. 물론 힘들었다. 하지만 악기와 공부의 밸런스를 잘 맞추고,
악기를 좋아하는 마음이 있었기 때문에 힘든 일도 그다지 힘들게 느껴
지지 않았다. 예체능을 전공하는 학생이라면 한 번쯤 자신이 이 두 가지
를 얼마나 잘 조율하는지에 대한 의구심이 들었을 것이다. 악기에 조금
더 시간을 투자하면 공부가 문제가 되고, 공부에 투자하면 악기 실력에
대한 문제가 생기곤 한다.

나 또한 고등학교를 다니면서 얼마만큼 연습을 하고, 얼마만큼 공부
해야 하는지 그 중간지점을 어떻게 설정해야 하는지에 대한 고민이 많
았다. 해당 대학의 입시 요강을 본 결과 수능 점수와 내신이 어느 정도
반영되는지 나와 있었고 고등학교 다니는 내내 달라진 것은 없었다. 그
래서 입시 요강에 나와 있는 비율에 맞게 비중을 두어 악기 연습을 하고
공부를 했다.

입시 요강을 보니 80%가 실기 비중이었고, 해당 학교 선배의 조언 역시 실기를 얼마나 잘 하는지가 중요하다고 했기에 실기에 거의 전념 했다. 하지만 공부를 소홀히 해서는 안 될뿐더러 고등학교 공부가 기반 이 되지 않으면 대학교가서 다시 공부해야 한다는 생각에 공부를 놓지 않고 두 가지를 병행하며 입시 준비를 해나갔다.

그러는 와중에 재밌는 생각이 들었다. 옆에 악기를 두고 공부하다가 공부가 지겨우면 악기 연습을 하고, 연습하다가 바로 공부하는 방법을 쓰면 뭔가 좌뇌와 우뇌를 번갈아 쓰는 좋은 방법이라는 생각이 들어서 바로 실행에 옮겨보았다. 결과는 실패! 그 어떤 것에도 집중하지 못하 는 최악의 상황이 되었다. 연습실에서 공부하려니 환경이 맞지 않았고, 악기 옆에 공부거리를 놓고 한숨만 쉬고 있자니 악기 집중력이 떨어져 제 기량을 발휘하지 못했다. 집중력이 강한 사람이라면 모를까 내겐 쉽 지 않은 일이었다.

고민 끝에 아예 두 장소를 따로 마련하고 공부는 집 책상에서, 악기 는 연습실에서 하는 것으로 바꾸었다. 결과는 생각보다 좋았다. 고등학 교 내내 하루에 1시간 공부하고 4시간 정도 연습하는 정도의 습관이 생 겼고, 일단 습관이 되니 뇌의 생체리듬이 일정시간이 되면 공부를 하거 나 악기를 하라는 신호를 보내는 것처럼 느껴질 정도였다.

공부와 악기 연습을 얼마나 해야 하는지에 대한 것보다는 얼마나 체 계적으로 두 가지의 밸런스를 잘 맞춰서 입시형 인간이 되느냐가 중요 하다고 생각한다. 원하는 학교에 맞게 입시 준비를 하는 것이 합격하는 지름길이다. 예체능하는 학생이 무작정 연습하고 공부하는 것은 권하고 싶지 않다. 최저 등급이 있고 최소한 대학에서 제시한 수능 등급, 내신 등급 기준이 있을 것이다. 또 진학한 선배들을 통해 요강에 나와 있는 비율이 아니라, 실제 비율이 어느 정도인지 정확한 정보를 얻는 것도 중요하다. 공부도, 연습도 전략적으로 계획을 세워 하지 않으면 시간 대비 효율성이 떨어지며, 그러면 결국 지치는 것은 자신이기 때문에 분명하게 전략과 계획을 짜야 한다. 김재훈

05.

'열심히'는 사람마다 차이가 있다

나는 깨어 있는 시간에 열심히 하고 절대로 잠을 줄이지 말라는 조언을 한다. 이때 많은 청소년 친구들이 말하는 공통적인 고민이 있다. 나름대로는 열심히 한다고 하는데 성적이 오르지 않는다는 것이다. 내가 관찰한 결과 문제는 크게 두 가지로 나뉘었다.

첫 번째는 결코 목표를 성취하기 위한 충분한 양의 공부를 하지 않은 채 스스로 만족하고 만다는 것이다. 두 번째는 잘못된 방법으로 공부해서 효율적이지 못하다는 것이다. 사실 '열심히'라는 말은 매우 주관적이라서 사람마다 차이가 있는데, 가만히 보면 학습시간 및 학습량과 관련된 강도의 문제와 더불어 깊이의 문제를 가지고 있다.

학습 시간과 학습량 어느 정도가 충분한가?

강도의 문제를 먼저 살펴보자. 남들이 10만큼 노력한다고 가정했을 때 내가 이미 뒤처져 있다는 것이 확인되면 10 이상의 노력을 해야만 성적이 향상되는 것이 당연하다. 똑같이 10만큼만 하면 원래 부족했던 만큼 여전히 부족하고, 10 이하의 노력만 기울이면 격차는 더 벌어지게 된다. 이론적으로는 이해하지만 많은 학생들이 실천으로 옮기지는 못한다. 조금 노력해보고 금방 결과가 나오지 않으면 '난 원래 안 되는가봐.' 하고 쉽게 포기하기 때문이다.

하루에 스스로 공부하는 시간을 재본 적이 있는가? 어떤 사람은 2시간에, 어떤 사람은 4시간에 만족하기도 한다. 한 번 최소한의 생활시간과 학교 수업 시간을 제외하고 혼자 공부할 수 있는 최대 공부 시간을 적어보라. 그에 비해 현재 내가 들이고 있는 노력은 얼마인지 비교해보면 생각보다 적다는 것을 깨닫게 될 것이다. 그리고 무엇보다도 진심으로 성적 향상을 원한다면 선생님으로부터 수업을 들은 것보다 스스로 곱씹는 시간이 더 중요하고 의미 있다는 것을 알아야 한다.

성적 향상을 위한 최소한의 기준은 사람마다 다르다. 그저 친구와 같은 시간 동안 공부하고 같은 책을 공부하면서 왜 본인은 성적이 향상되지 않는지 고민된다면 본인이 무의식중에 소모하는 시간은 없는지 되돌아보며 학습 시간과 학습량을 늘릴 방법을 찾아야 한다.

깊이 있는 공부를 하고 있는가?

다음으로는 깊이의 문제다. 학습의 깊이를 판단하는 것은 개념을 응용할 줄 아느냐에 달려있다. 다 외웠으니 이제 다 안다고 생각했는데 막상 문제를 봤을 때 어떻게 적용해야 할지 영 모르겠다면 그것은 단순하게 글자 그대로를 암기했다는 뜻이다. 좀 혹독하게 들리겠지만, 글자의 모양을 외운 것이나 다름없다.

결국 정말로 아는 것과 안다고 착각하는 것을 구분하는 과정을 거쳐야 한다. 안다고 착각하는 것은 거의 모르는 것이라고 봐야 한다. 나의 경우 이것을 확인하는 방법은 백지에 수학이나 사회탐구 과목의 목차만을 적어두고 그 단원에서 내가 아는 바를 모두 설명해보는 것이었다. 신기하게도 그 단원에서 배운 것 중에 또렷하게 생각나는 것이 있는가 하면, 분명히 공부했는데 어떤 개념이었는지 전혀 기억나지 않는 경우도 많았다. 이런 부분을 다른 색 펜으로 표시해서 다시 한 번 되돌아보는 기회로 삼아야 한다.

또 문제를 보았을 때 사용된 개념이 무엇인지 정확히 파악할 수 있는가를 확인하는 것도 중요하다. 수학 문제처럼 여러 단원의 개념이 종합되어 나오는 경우에 적용하면 좋다. 평소에 문제를 풀 때, 다짜고짜 수식부터 쓰는 것이 아니라 어느 단원의 어떤 개념들이 섞여 나온 것인지 문제 맨 위에 적는 연습을 하는 것이다. 사실 모든 문제는 이미 배운 개념에서 나오는 것들이니 내가 이미 알고 있는 것이 무엇인가를 되돌아보면 된다.

시험은 제한된 시간 안에 이미 알고 있는 지식을 빠르고 정확하게 최대한 활용해야 하는 것이다. 어떤 지식을 불러오기에 시간이 오래 걸린다면 '열심히'는 공부했을지 몰라도 결코 '충분히' 공부하지는 않았다고 볼 수 있다. 문제를 보고 반사적으로 그 개념을 떠올릴 수 있다면 성적 향상은 정말 자연스럽게 따라온다. 권소라

나의 공부법은 매일 진화한다

인터넷에 '공부법'이라고 쳐보자. 수많은 공부법과 관련된 책들이 나와 있다. 너무 많아서 무엇을 봐야 할지 모를 정도다. 이 수많은 공부법 중에서 본인과 맞는 공부법을 찾고자 한다면 오산이다.

나는 중학교에 올라가면서 처음으로 공부라는 것을 하게 되었다. 계기는? 같은 반 친구 놈 때문이었다. 운이 좋은 것인지 나쁜 것인지 초등학교 전교 1등이랑 같은 반이 된 것이다. 수업 시간마다 열심히 공부하고 칭찬받는 그 친구가 너무 얄미웠다. 그래서 정정당당하게 공부로 한번 이겨보자는 패기로 처음 공부를 시작했다. 아마 그 친구는 지금도 내가 목표로 삼았었다는 것을 모를 것이다. 지금도 계속 연락하는 절친한 사이다. 막상 공부를 하려고 하니 답이 없었다. 특별히 학원을 다니는 것도 아니었고 그동안 공부를 해온 것도 아니었기에 멘붕이었다. 그래서 처음 사용한 공부법은 다소 과격했다.

'그냥 통째로 다 외우자.'

수업 시간에 선생님께서 나눠주신 프린트와 교과서를 통째로 다 외워버렸다. 그냥 보이는 글씨는 다 외웠던 것 같다. 무식하면 용감하다더니 결과는 탁월했다. 중간고사 결과 전교 11등을 찍었고, 무엇보다도 기뻤던 것은 반에서 1등이라는 것이었다. 목표였던 친구를 이긴 것이다. 그때 느꼈던 희열은 말로 표현할 수가 없다. 하지만 기쁨도 잠시 그렇게 기말고사를 보니 전교 13등으로 밀려나고 반에서는 2등으로 밀려났다. 하도 외우다 보니 막상 시험 볼 때는 중간중간 까먹고 잘 기억나지 않았다. 통째로 외우는 공부가 너무 비효율적임을 느꼈고 변화가 필요했다.

'중요한 것을 체크하고 외우자. 나머지는 이해하자.'

무작정 암기로 효율은 없었지만 나름대로 얻은 성과가 있었다. 책의 내용 중 어느 부분이 시험에 나왔고 어디가 중요한 부분인지 대충이나마 감을 잡을 수 있었던 것! 그 경험을 바탕으로 시험에 나올 만한 것을 주로 외우고자 노력했다. 또한 어떻게 하면 필기를 깔끔하게 할 수 있는지 터득할 수 있었다. 처음에는 그냥 선생님께서 하시는 말씀을 모조리 책에 적었다. 지금도 중학교 1학년 때 필기한 것이라고 적어 놓은 것을 보면 가관이다. 거의 알아보기 힘들 정도다. 이러한 변화의 결과 2학년이 돼서 전교 2등을 찍게 된다. 2년 정도 공부를 하다 보니 수업을 들으면 어느 부분이 중요하고 시험에 나오겠구나 하는 것이 머릿속으로 그

려지더라. 어느덧 필자만의 공부법을 터득하고 있었다.

공부법의 진화는 끝이 아니었다. 고등학교에 들어가 대학입시 시험을 준비하면서는 다른 공부 방법이 필요했다. 혼자만으로는 안 될 것 같아 친구들과 문제풀기 내기를 하였다. 같은 문제집을 친구 여러 명이랑 같이 사서 어디부터 어디까지 서로 풀기로 하고 누가 먼저 문제를 빨리 푸는지 내기했다. 야식의 꽃이라고 할 수 있는 컵라면, 치킨 쿠폰 등을 걸고 공부했다. 그렇게 하니 빨리 풀어야 한다는 긴장감에 초 집중해서 공부할 수 있었고 그 결과 원하는 대학시험에서 긴장하지 않고 문제를 풀 수 있었다.

필자의 공부법의 진화가 어떠한가? 자신만의 공부법을 찾기 위해서는 이러한 진화의 과정이 필요하다. 이것은 필자만의 이야기가 아니다. 과학고를 진학하면서 좋았던 점 중 하나는 과학, 수학이라는 공통 분야에 관심 있는 친구들과 자주 접하고 토론하며 생각할 수 있었다는 점이다. 또 굉장히 배울 점이 많은 친구들이었다. 저마다 중학교 때 나름 공부를 열심히 했던 친구들이었다. 그런데 신기했던 것이 저마다 다른 공부법을 가지고 있었다. 어떤 친구는 주야장천 서서 공부를 하지 않나, 누구는 잠을 쫓는다며 아주 시끄러운 음악을 틀어 놓고 공부하는 친구도 있었다. 이들의 공부법이 틀린 것인가? 아니다. 이들도 필자처럼 저마다의 공부법을 진화시켜 왔을 것이다. 그리고 현재 자신만의 공부법이 생긴 것이다.

아직도 내 공부법은 진화 중이다. 가끔 도서관에 간다. 도서관에 가면 눈에 띄는 공부법 관련된 책들이 있다. 저마다의 근거로 공부법을 소개한다. 그럴 때마다 감탄사가 절로 나온다.

'우와, 이렇게 공부할 수도 있구나.'

하지만 이 공부법들이 결코 나의 공부법이 될 수 없음을 안다. 다른 공부법의 장점을 가져와 약간의 변화를 줄 수는 있겠지만 다른 공부법 자체가 나에게 맞을지는 알 수 없기 때문이다. 좋은 공부법을 찾고, 그 공부법에 자신을 맞추려고 하는 것은 올바른 방법이 아니다. 먼저 나만의 공부법을 만들자. 어디서 좋게 보이는 공부법 하나를 물어 와도 좋고 필자처럼 '통째로 암기하는 것'도 나쁘지 않다. 그리고 나서 자신의 공부법을 중심으로 상황에 맞게 변화를 주자. 나에게 맞는 공부법이란 결국 나한테 맞게 진화시켜나가는 것이다. 홍석일인

07.

'겉핥기'로는 성공할 수 없다

가끔 멘토로서 학생들을 만난다. 그럴 때마다 멘티들이 반짝반짝 빛나는 눈빛으로 하는 단골 질문들이 있다. "수학은 어떻게 공부해야 해요? 국어는 어떻게 공부하셨나요? 특별한 노하우가 있나요?" 등 학습법에 대한 질문들이다.

검색 포털 사이트의 경우 '수학'까지만 검색어를 입력해도 자동으로 수학 공부 방법, 수학 학습법 등 공부법에 대한 검색어들이 쭉 나타나곤 한다. 그리고 학습법을 묻는 글들이 수도 없이 나온다. 그뿐만 아니라 누군가 자신만의 학습법을 정리해 놓은 글들도 셀 수 없다. 물론 내가 공부할 당시에도 여러 학습법을 찾아보지 않은 것은 아니다. 성적은 올려야겠는데 어디서부터 손을 대야할지 모르는 입장이라면 절박한 심정으로 찾는다는 걸 이해한다. 이 글을 읽고 있는 당신도 한 번쯤은 학습법과 관련된 검색을 해보지 않았을까?

그런데 효과를 보았는가? 학습법에 대해 관심이 많은 학생들의 공통점이 있다. 절대로 한 번만 검색하지 않는다는 것이다. 공부가 잘되지 않는다고 느끼거나 시험을 보고 원하는 점수가 나오지 않으면 그때마다 학습법이 잘못된 것이라고 생각하며 또 다른 학습법을 찾는다. 이상하지 않은가? 누군가가 분명히 효과를 본, 그것도 아주 극적인 효과를 본 학습법인데 왜 나한테만 도움이 안 되고 오히려 성적이 떨어지기까지 할까? 불가사의하다. 우리는 자신의 학습법을 소개한 그 누군가를 거짓말쟁이라고 흉을 보기도 한다. 정말 그 누군가는 거짓말쟁이일까? 혹시 우리가 놓치는 부분이 있는 것은 아닐까?

맞다. 놓친 것들이 있다.

첫 번째, 누군가 발견한 공부 노하우가 어떤 의도를 가지고 어떻게 나온 결과인지에 대한 고민을 하지 않았다는 것이다. 물론 공부 노하우를 검색하여 관련 글을 보면 '이렇게 하면 됩니다.'라고 결과만을 제시한다. 하지만 그 간단한 한 마디가 나온 과정은 결코 순탄하지 않았다는 걸 알고 있는가? 마치 소크라테스가 "너 자신을 알라."라는 말을 한 과정과 같은 것이다. '너 자신을 알라'는 격언은 결코 한 순간의 아이디어로 나온 것이 아니다. 그리스 아테네 최고의 학자라 불리는 소크라테스가 일생을 바쳐 경험하고 학습하여 나온 결론이다. 그 과정에서는 스스로 생각하던 것이 오류라고 깨닫기도 하고 자신의 생각을 확실히 하기 위해 누군가와 격한 토론을 벌이기도 했을 것이다. 그런데 주목할 만한 사실은 '너 자신을 알라'는 말이 담고 있는 뜻을 제대로 알고 있는 사람이 많지 않다는 것이다. 단지 우스갯소리로 '너의 분수를 알고 잘 처신하라'는 가벼운 뜻으로 장난하듯 던질 뿐이다. 실제로는 '자신의 무지를 제대로 깨달아라. 그것이 학습에 있어 참다운 지식을 얻는 방법이다.'라는 뜻이다.

학습법을 대하는 우리의 자세도 그와 같다. 한 마디로 정리된, 하나의 공부 방법이 나오기까지의 과정을 생각해보지도 않고 어설프게 적용해보기만 했을 뿐이다. 일례로 '수학을 공부할 때는 답지를 보지 마라'는 유명한 학습법에 대해 말을 해볼까 한다. 학생들 대부분은 어쩌면 이 한 마디로 정리된 학습법을 적용시키기 위해 단지 스스로 답지를 볼 수 없도록 던져 놓고 그 진짜 의미를 알지 못한 채 '겉으로 따라하기'만 반복했을지도 모른다. 그렇지만 저 한 마디에는 보기보다 더 많은 뜻이 들어 있다. 저 학습법을 발견한 사람은 답지를 정말 안 볼까? 본다! 중요한 점은 '수학을 공부할 때 답지를 보지 마라'는 말이 '생각의 중요성'을 강조하고 있다는 사실이다. 문제 하나의 답을 찾기 위해 끈질기게 생각하고 누군가와 토론하라는 뜻이다. 그러나 한 시간이 지나고, 하루가 지나서도 해결법을 찾지 못한다면 그때는 답지를 봐야 한다. 자신의 생각이 어디서부터 꼬였고 왜 막혔는지를 확인하고 그 부분을 다음에는 반복하지 않도록 해야 한다. 어떤가? 한 문장의 학습법이 보이는 것처럼 간단하지만은 않은 게 느껴지는가?

기적과도 같은 한 문장이 나오기까지 숱한 시도와 노력이 있었다

두 번째, "수학을 공부할 때에는 답지를 보지 마라." 같은 학습법을 발견하고 누군가에게 조언하는 사람은 숱한 시도와 끈질긴 노력 속에서 그것을 발견했다는 사실을 몰랐다는 것이다. 학습법을 찾아보지 말라는 말은 하지 않겠다. 하지만 지금까지 해왔던 것처럼 몇 번이고 반복해서 학습법을 찾는 것은 그만두자. 나한테 맞을 것 같은 하나의 학습법을 검색한 후 끈질기게 그 학습법을 실천하는 게 낫다. 물론 그 학습법이 만들어진 의도가 무엇이고 구체적으로는 어떻게 해야 하는지에 대해서도 모두 인지한 상태에서 실천해야 한다. 자신에게 맞지 않을 것 같다는 학습법이라도 누군가 대단히 큰 효과를 본 학습법이 있다면 하나를 정해 놓고 끈질기게 해봐야 한다. 자신이 본래 하고 있던 학습법이 공부의 본질적인 방향을 잘못 설정해 놓은 것일 수도 있기 때문이다.

여기에 하나만 덧붙이자면 '절박함'을 가지고 하라는 것이다. 나는 수험생 시절 항상 수능 언어—현재는 수능 국어—가 내 발목을 잡았다.

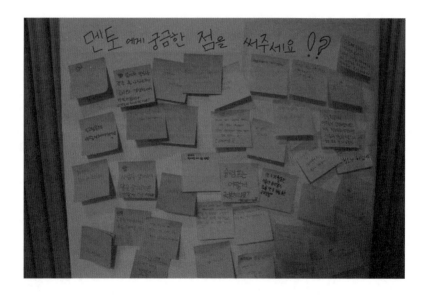

수학이나 영어에 비해서 점수와 등급이 턱없이 낮았기 때문이다. 평소에 3등급은 기본이었고 가끔은 4등급도 나왔다. 수능 시험이 5개월도 채 남지 않은 시점에서 봤던 6월 평가원 모의고사까지도 3등급이 나왔기 때문에 거의 자포자기 심정이었다. 잃을 게 없었다. 그때까지도 나만의 학습법을 고수해왔지만, 성적이 오르지 않았기 때문에 여러분처럼 다른 공부법을 찾아야 했다. 방향을 잘못 설정한 방법이라는 생각 탓이었다. 그 순간 이전에 들었었던 학습법이 떠올랐다. 수많은 수험생들이 효과를 봤다는 학습법이었지만, 처음 접한 당시에 보기엔 이상하기만 해서 선택하지 않은 방법이었다. 하지만 그 순간에는 잃을 것도 없었고 성적을 올려야만 하는 절박한 심정이었기 때문에 모든 편견을 버리고 그대로 받아들였다. 받아들이는 과정에서 '이게 정말 맞나.'라는 생각도 들긴 했지만 무조건 하라는 대로 하고 몸에 익히는 과정을 반복했다. 그렇게 치열하게 받아들이고 노력한 결과, 본래의 학습법보다 발전된 나만의 학습법을 만들어냈고, 거의 1년간 오르지 않던 성적이 3개월 만에 원하던 성적인 1등급까지 올랐다. 그 성적은 11월 수능은 물론 재수를 했던 그 다음해 수능까지도 유지되었다.

2L 페트병과 같은 지름과 높이를 가진 원기둥 모양의 통이 있다고 생각해보자. 그것을 채우기 위한 500원 동전 크기의 돌멩이가 있다. 이 돌멩이로 원기둥 모양의 통을 빈틈없이 채울 수 있을까? 당연히 못 한다. 눈으로 보기에도 빈 공간이 너무나 잘 보일 것이다. 완벽하지는 않지만 눈으로 봤을 때 빈틈없이 통을 채우려면 돌멩이보다는 고운 모래를 부어야 한다. 이 이야기에서 '원기둥 모양의 통'은 자신만의 학습법

및 그에 따른 성적을 의미한다. '500원 동전의 지름과 같은 돌멩이'는 선배들이 경험한 학습법을 의미한다. '고운 모래'는 선배들의 학습법을 꾸준히 실천하는 자신의 노력을 의미한다. 자신만의 학습법을 만들고 원하는 성적을 받기 위해서는 선배들의 공부법도 필요하다. 하지만 그것만으로는 불충분하다. 자신의 노력으로 그 불충분함을 채워야만 하는 것이다. 그런데 중요한 것은 '고운 모래'를 통으로 옮기기 위해서는 돌멩이를 손으로 집어 옮기는 것보다도 훨씬 어려운 과정을 거쳐야 한다는 것이다. 마찬가지로 선배들의 학습법을 참고하는 것은 정말로 쉽다. 하지만 그 후 그것을 토대로 자신만의 학습법을 만드는 과정은 결코 쉽지 않다. 하지만 고통 없이는 얻을 수 없다는 말처럼 그 힘겨운 노력이 여러분이 원하는 성적을 가져다줄 것이다. 힘내자! 심규승안

08.

고득점을 향한 갈증을 해소하는 노하우

멘토링 활동을 하면 멘티들로부터 많은 질문을 받는다. 그중에서도 많이 듣는 질문 중 하나는 짧은 시간 안에 높은 점수를 받을 수 있는 방법이 있느냐는 것이다. 어쩌면 대한민국 학생들의 공통적인 궁금증일 수도 있을 것 같다. 필자 역시 중·고등학교 시절 벼락치기도 해봤고, 시간이 없다는 핑계를 대며 어떻게 하면 단시간에 좋은 결과를 낼 수 있을지에 대해 고민도 했었다.

실전처럼 적당한 긴장감을 유지하라

지금 당장 시험을 본다고 생각해보자. 매우 중요한 시험이고, 시간이 촉박할 때의 긴장감은 누구나 경험해보았을 것이다. 때때로 시간의 압박에 머리가 하얘지고 분명히 외웠던 것도 기억나질 않고, 쉬운 수학 연산도 계속 틀린다. 결국 종이 울리고 시험이 끝났을 때의 그 허무함은 이루 다 말할 수 없다. 아무리 여러 번 시험을 보아도 쉽게 적응할 수 없는 부분이다. 하지만 좋은 성과를 내기 위해서는 극복해야 한다.

효율적인 공부를 위한 첫 번째 방법은 공부하는 시간에 최대한 집중하는 것이다. 그러기 위해서는 적당한 긴장함을 유지할 필요가 있다. 여기서의 긴장감은 시험 볼 때의 각성 상태를 생각하면 이해가 쉬울 것이다. 핵심은 시험 볼 때와 최대한 비슷한 상황, 느낌으로 공부하는 것이다. 시험 전에 편안한 마음으로 문제를 푸는 것은 별 의미가 없다. 실전처럼 공부하는 것이야말로 가장 효율적인 공부 방법이다. 시험이라는 것은 결국 제한된 시간에 누가 문제를 더 많이, 더 잘 푸는지를 확인하는 과정이다. 따라서 문제를 잘 푸는 것에만 초점을 맞춰 공부하게 되면 효율적인 공부가 아니다.

그렇다면 어떻게 긴장감을 유지할 수 있을까? 솔직히 시험 몇 달 전부터 시험이 걱정되고 긴장되는 경우는 거의 없을 것이다. 막상 시험이 눈앞에 닥쳐야 긴장되기 시작한다. 따라서 긴장감을 유도하는 몇 가지 노하우를 소개하고자 한다. 긴장감을 유도하기 위해서 무엇보다도 중요한 것은 본인의 의지다. 본인이 시험이나 평가를 통해 얻고자 하는 결과가 정말 간절하다면 쉽게 긴장감을 유지하여 집중할 수 있다. 하지만 개인 차이가 많이 나는 부분이기에 긴장감을 유도하는 데 있어 분위기를 바꾸는 방법에 대해 이야기하겠다.

책상 주변 정리정돈을 깔끔하게 한다

공부하는 책상 주변이 지저분하고 자꾸 무엇인가 손에 잡히면 집중력을 흩뜨린다. 특히 핸드폰과 컴퓨터는 가급적 멀리 하는 것이 좋다.

대부분의 친구들이 음악을 들으면서 공부하고 시계나 계산기 등 스마트폰의 여러 기능을 이용하기도 하는데 경험상 핸드폰이나 컴퓨터는 한 번 집으면 꼭 다른 것도 건들고 싶어진다. 괜히 스포츠, 연예뉴스에 눈이 가고 그 사이에 시간도 같이 멀리 가버린다. 단기간에 집중하여 공부하고 싶다면 먼저 주변부터 정리하라.

가벼운 운동으로 긴장감을 유지하자

가벼운 운동으로 심박수가 증가하면 어렴풋이 시험 볼 때의 긴장감 같은 각성 상태를 순간적으로 만들 수 있다. 운동이 심해질 경우 급속한 피로로 쉽게 피곤해지니 주의하자. 너무 많이 하지 말고 심장이 적당히 두근두근 거릴 정도로만 운동하는 것이 적당하다. 운동은 스트레칭, 줄넘기, PT체조 등 어떤 것이든 상관없다. 단, 방안에서 운동을 할 경우 반드시 환기를 시키고 다시 공부할 것을 추천한다. 운동 후가 아니더라도 자주 환기를 하면 쉽게 피로해지는 것을 막을 수 있다.

커피는 다시 한 번 생각하자

커피나 카페인 음료, 에너지 드링크를 마시고 밤새서 공부를 하는 친구들이 있는데, 잘 선택해야 하는 부분이다. 이런 음료에 의지해서 각성을 할 경우 공부의 효율이 급격히 떨어지며 다음날 피로로 하루를 망치는 악순환이 되기도 한다.

효율적인 학습을 위한 두 번째 방법은 전략적으로 공부하는 것이다. 간단히 말해 시험에 나오는 문제가 10문제라고 할 때 전략적인 공부는 이 10가지를 위주로 공부하는 것이다. 긴장 상태로 집중하여 공부하는 것도 중요하지만 이왕 공부하는 거 시험에 나올 확률이 높은 것을 전략적으로 공부하는 것이 더 효율적이다. 핵심은 시험의 특성, 출제자의 의도를 파악하는 것이다.

시험의 특성을 파악하자

전략적인 공부를 위하여 시험의 특성을 파악하는 것이 중요하다. 예를 들어 학교 시험의 경우 그동안의 수업을 잘 숙지했는지를 확인하는 시험이다. 따라서 수업 시간의 선생님 말씀이나 필기가 가장 중요하게 공부해야 할 부분이다. 당연히 시중에 나와 있는 참고서 문제를 푸는 것보다 수업 내용에 대한 개념 이해가 선행되어야 한다. 특정집단에 들어가기 위한 면접의 경우 여러 명 중에서 몇 명을 선출하는 것이다. 따라서 면접관이 어떤 사람을 원하는지를 파악하는 것이 먼저 선행되어야 한다. 이처럼 모든 공부는 그 시험의 특성을 파악하는 것에서 시작해야 한다.

직접 시험 문제를 만들어보자

시험 출제자의 의도를 파악하기 위해서 가장 좋은 방법은 출제자가 되어보는 것이다. 출제자 입장에서 직접 문제를 만들면 시험 범위에서 중요한 부분을 알게 된다. 그럴 수밖에 없는 것이 시험범위의 모든 내용이 시험에 나오는 것이 아니라 중요한 것만 나오기 때문이다. 또 시간이 별로 많이 걸리지 않으며 효과적인 복습 방법 중 하나이다. 개인적으로 가장 추천하는 공부법이다.

부담감을 극복하라

개인적으로 공부하는 데 있어 가장 큰 장애물은 부담감이라고 생각한다. 대한민국 학생이라면 누구나 한 번쯤 공부에 대한 부담감을 느껴보았을 것이다. 특히 짧은 시간에 높은 점수를 받고 싶은, 받아야 하는 경우 더욱 학습에 대한 부담감을 가지게 된다. 부담감이 문제가 되는 이유는 결과적으로 공부가 하기 싫어지기 때문이다. 눈앞에 닥친 시험으로 마음을 잡고 책상 앞에 앉아 연필을 들었는데 앞으로 공부해야 할 양과 경쟁에서 이겨야 하는 수많은 경쟁자들을 생각하면 숨이 턱 막혀 올 때가 있다. 그러면 시작한 지 얼마 되지도 않아 포기하고 싶은 마음이 든다.

그렇다면 어떻게 부담감을 극복할 수 있을까? 시험이나 평가 자체에 대한 부담감은 쉽게 떨치기 어렵다. 하지만 부담감을 극복하고 싶은 친구들에게 조언을 하자면 마음의 여유를 갖으라는 것이다. 짧은 시간에 높은 성과를 내고 싶다고 해서 처음부터 무리할 경우 처음에는 많은 양을 할 수도 있겠지만 나중엔 쉽게 지쳐 도중에 포기하게 된다. 즉, '꾸준한' 공부 패턴이 중요하다. '한 번에 많이'가 아니다.

지금까지의 내용을 요약하자면 이왕 하는 거 효율적으로 공부하면 좋겠다는 것과 그러기 위한 몇 가지 노하우를 설명했다. 하지만 강조하고 싶은 것은 위 방법이 꼭 정답이 아닐 수도 있다는 것이다. 누군가에게는 맞지 않을 수도 있다. 단지 효율적인 공부를 하고 싶어 하는 친구들에게 조금이나마 도움이 됐으면 하는 바람이다. 효율적인 공부는 시험을 위한 것이 아니다. 시험은 원하는 목표를 이루기 위한 수단은 될 수 있어도 목표가 될 경우 불행해지고 공부에 빨리 흥미를 잃게 된다. 따라서 공부를 하나의 도구로 생각했으면 좋겠다. 그 도구가 여러분의 꿈을 위한 능률적인 것이 되길 기원한다. 홍석일인

09

'입력'과 '저장'을 전략적으로 활용하라

공부에 해당하는 모든 활동은 '입력'과 '저장'으로 나눌 수 있다. '입력' 활동은 외부로부터 지식과 정보를 전달받는 것이고 '저장'은 그것을 스스로 되새기는 것이다. '입력'은 다양한 루트를 통해서 이루어진다. 대표적인 것이 바로 학교, 학원, 과외, 인터넷강의 등 새로운 정보를 보고 듣는 활동이다. 그 과정에서 교재를 잘 읽는 것, 선생님의 말씀을 잘 듣는 것, 그리고 그중에서 중요한 것을 기록하는 것들 모두 입력 활동이다. 하지만 입력만 하고 저장하지 않은 채 컴퓨터를 끄면 컴퓨터에 아무 정보도 남지 않듯이 스스로 반복하면서 지식과 정보를 되새겨보지 않는다면 말 그대로 그 정보는 머릿속을 스쳐 지나가는 것이 된다. 공부를 하는 데 있어서 반복을 열심히 해야 한다는 것은 누구나 알고 있는 사실이다. 그러나 단순 반복보다 효율적인 것은 우리가 하는 여러 가지 공부 방법 중에서 '입력'인 것과 '저장'인 것을 구분하는 것이다. 앞에서 말한 것처럼 학교 수업과 학원 수업, 과외 수업, 인터넷강의 모두가 '입력' 활동에 해당한다. 그리고 책 반복해서 읽기, 교재 반복해서 풀기, 암기하기 등 원래 알고 있는 정보를 되새김질하는 모든 활동을 '저장' 활동이라고 볼 수 있다.

고등학교를 중심으로 1학년은 입력의 시기이고, 2학년은 입력과 저장을 병행하는 시기이며, 3학년은 저장에 집중하는 시기라고 볼 수 있다. 따라서 1, 2학년 때는 학교 수업 외에도 필요한 경우 학원, 과외, 인터넷강의 등 다양한 루트를 통해서 입력을 보강할 수 있을 것이다. 하지만 3학년이 되어서도 입력에만 시간을 투자한다면 그 정보를 저장할 시간이 부족해져서 결국엔 돈과 시간만 버린 채 머릿속에 남는 것은 거의 없게 된다. 이를 좀 더 구체적인 계획으로 짠다면 다음과 같다.

고등학교 1학년 : 나에게 맞는 입력 방법을 찾아라

1학년은 자신에게 맞는 공부 스타일을 찾기 위해 다양한 입력 시도를 해봐야 하는 시기이다. 나는 특히 1학년 때 수학 점수가 낮아서 고민이 많은 학생이었다. 남들이 좋다고 하는 유명한 문제집과 교재를 모두 사서 한 번씩 풀어보고 모의고사 기출은 물론 창의력 수학 문제집까지 모두 풀고 학교 수업은 물론 EBS 인터넷 강의도 들어보고 방학 중 보충 과목도 수학으로 선택할 정도로 다양한 입력 루트를 찾아서 시도해보았다. 그 결과 남들이 좋다고 하는 교재라도 내 수준을 향상시키는 데는 적합하지 않은 것들이 있다는 것을 알게 되었고, 다른 인터넷 강의 여러 개 듣는 것보다 학교 수업 시간과 보충 시간에 집중해서 한 번에 개념을 이해하는 것이 더 이득인 것을 알게 되었다. 결국 문과 수학은 3000제 문제집을 5~6번 반복해서 3000개의 문제를 모두 암기하는 것이 가장 빠른 길이라고 납득하고 주저 없이 실천하게 되었다.

고등학교 2학년 : 입력 반, 저장 반!

1학년 동안 다양한 시도를 통해서 자신의 공부 스타일, 구체적으로 말하자면 어떤 방법이 가장 효율적으로 내 수준을 향상시킬 수 있는지 알게 되었기 때문에, 2학년 때는 추진력 있게 그 방법만을 실천하여 보다 효율적인 공부를 할 수 있었다. 이렇게 1학년 때 시도했던 다양한 입력 활동 중 자신에게 적합한 것을 찾았다면 2학년 때는 그것에만 집중하고 나머지 시간은 저장에 투자해야 한다. 예를 들어서 나는 1학년 때 수학 점수 향상을 위해 학교 수업과 더불어 6권의 사설 교재와 EBS 인터넷 강의, 모의고사 기출 문제집을 풀었다. 그중 가장 효율적인 입력 방법은 학교 수업 시간에 집중하는 것과 3000제 교재를 풀면서 최대한 모든 유형을 암기하는 것이었다. 따라서 2학년 때는 다른 교재나 문제집, 인터넷 강의 등에 의존하지 않고 수업 시간에 집중했으며, 자습시간에는 3000제 문제집을 반복해서 풀었다. 1년 동안 같은 문제집을 5~6번 반복해서 푸는 저장 활동을 거쳐서 3학년이 될 즈음엔 3000개의 수학 문제 유형과 해법이 자동으로 머릿속에 암기되어 있었다.

고등학교 3학년 : 저장에 집중하라

3학년이 되면 오히려 사설 학원, 과외, 인터넷 강의 등의 유혹이 많아진다. '족집게, 단기간 성적향상, 마지막 기회' 등 자극적인 문구로 학생들이 정도가 아닌 요령에 의존하게끔 유혹한다. 하지만 앞에서 말했듯이 3학년은 1, 2학년 때 배운 것들을 최대한 머릿속에 집어넣고 까먹지 않도록 반복과 암기를 계속해야 하는 시기이다. 다른 새로운 정보, 새로운 입력에 시간을 쏟기에는 너무나 아까운 시기인 것이다. 3학년 시기에 해야 하는 새로운 입력 활동은 각 과목의 모의고사 5개년 문제집, 그 해의 6월, 9월 모의고사에 대한 분석 정도에서 그쳐야 한다.

정리하자면 3학년의 초반은 1, 2학년 때 공부했던 것들을 끄집어내서 다시 읽어보고 풀어보는 저장 활동을 중심으로 해야 하고, 중반에는 각 과목의 5개년 수능&모의고사 기출 문제집을 각각 5번 이상 반복해 풀어서 머릿속에 모든 유형을 자동 암기시켜야 한다. 그리고 후반에는 그 해의 6월, 9월 모의고사를 5번 이상 반복해서 풀고 EBS의 해설 강의를 참고해서 문제를 분석하고 이를 바탕으로 정리노트를 만들어야 한다. 정리노트에는 이미 자동 암기된 개념이나 해법을 아는 문제는 생략하고 아직 외우지 못한 것들이나 역대 수능 및 6월, 9월 모의고사에 출제되었던 고난이도 문제들, 6월과 9월 모의고사를 분석한 내용 등을 필기해야 한다. 여러분이 1년 동안 평소에 저장 활동을 꾸준히 해왔다면 수능 시험장에 가져갈 정리노트의 내용은 더 간단해질 것이다.

중요한 것은 '입력'과 '저장'을 현명하게 구분해야 한다는 것이다. 수업 시간은 대체로 새로운 정보를 얻는 '입력'의 시간이지만, 가끔 선생님께서 이미 아는 내용, 예습이나 선행 학습에서 배운 내용을 가르쳐주실 때도 있다. 그때는 같은 내용을 한 번 더 듣고 읽고 생각하고 쓰는 활동을 하면서 머릿속에 '저장'하면 된다. 따로 자습시간에 복습하지 않아도 수업 시간에 집중해서 듣는 것만으로도 저장 활동을 한 번 하게 되는 셈이다. 반대로 수능을 코앞에 두고 초조한 마음에 고난도의 영어 단어장을 하나 더 사서 외우는 일은 비록 암기를 하는 것이지만 '입력' 활동에 해당한다. 공부하고자 하는 것이 새로운 정보인지, 기존에 알고 있는 정보인지에 따라서 형태에 상관없이 '입력'과 '저장'이 달라지는 것이다.

따라서 여러분은 공부를 하면서 내가 새로운 지식을 입력하고 있는지, 원래 알고 있는 것을 반복하면서 머릿속에 저장하고 있는지 냉철하게 판단해야 한다. 그리고 그것이 시기에 비추어 적절한지 그렇지 않은지 판단해야 할 것이다. 입력과 저장 활동을 효율적으로 관리할 수 있는 사람이 시간 관리를 잘 하게 되고 양보다 질적인 공부를 하게 되며 집중력 있게 효율적으로 공부할 수 있게 된다는 것을 명심하자! **조은빛**

대학생활에 대해 얼마나 이해하고 있을까? 대학생활지수 알아보기!

1 대학교 학부 학생이 교환학생 프로그램에 주로 참여하는 기간은?

(모두 고르시오.)

1. 3개월   2. 6개월   3. 9개월   4. 1년

2 소개팅을 나갈 때 입고 나가면 퇴짜 맞을 가능성이 가장 높은 것은?

1. 학교 이름이 박힌 잠바   2. 댄디한 면바지

3. 하늘하늘한 원피스   4. 화사한 색깔의 블라우스

3 대학생들이 해야 하는 과제의 유형으로 알맞은 것은? (모두 고르시오.)

1. 팀 프로젝트   2. 실험 보고서

3. 박물관 견학 후 보고서   4. 설문조사

4 다음 중 선배가 밥을 사주었을 때 해야 할 행동으로 적절하지 않은 것은?

  1. 감사하다는 메시지를 보낸다.

  2. 후식을 사겠다고 제안한다.

  3. 다른 친구들을 불러낸다.

  4. 다음에 본인이 식사를 대접하겠다는 약속을 한다.

5 대학에 들어가면 어떤 동아리든 가입할 수 있다?

6 대학에는 애니/만화 동아리가 있다?

7 대학생은 봉사시간을 일정 시간 이상 채워야 졸업이 가능하다?

8 이유 없이 결석하면 교수님이 전화한다?

9 대학 오면 미팅이 시도 때도 없이 잡혀서 피곤하다?

10 수업 시작종과 끝나는 종이 울린다?

11 대학 수업에서의 교과서는 누가 정할까?

12 대학생은 동아리를 몇 개 선택해서 활동할 수 있을까?

13 대학생들이 MT촌으로 가장 많이 가는 곳은?

14 수업과 수업 사이에 강의가 없는 시간을 무엇이라 부르는가?

15 대학교에서는 시험 문제가 어떤 식으로 나올까?

16 대학교에서는 성적을 어떤 식으로 평가할까?

17 같은 학교 출신 커플로 대학교 캠퍼스를 누비는 커플을 무엇이라고 할까?

18 대학교 수업을 들을 때 동기들 나이는 몇 살까지 차이가 날 수 있을까?

19 대학생들이 많이 하는 미팅! 총 몇 명이서 하는 것일까?

20 학교에서 교수님과 눈이 마주쳤는데 인사를 안 하면 어떻게 될까?

21 '새터'는 무엇의 줄임말인가?

22 '과잠'은 각 대학교에서 나누어준다?

23 '나 이번 학기 주4야!'라고 할 때 '주4'의 의미는?

24 대학교에는 조별 과제가 많다. 조원 중 조별 과정 수행에 제대로 참가하지 않

  는 사람을 무엇이라 부를까?

25 대학교의 시험은 5지선다 객관식이다?

26 대학교의 시간표는 정해져 있지 않다?

27 대학교는 4학년이 끝이다?

PART 4

전공 선택의 무게에 눌리지 않는 방법

01.
문 · 이과의 선택, 신중해야 하는 이유

나는 다른 또래 친구들보다 문 · 이과 선택을 굉장히 빨리했다. 중학교 시절 과학고등학교에 지원하려면 빠른 결정을 내려야 했는데, 영재고나 과학고를 지원하는 대다수의 학생은 이과를 선택하기 때문이다. 하지만 당시에는 조금의 망설임도 없었다. 정말 단순하게 생각했다.

'내가 무슨 과목을 잘하지?'

선택에 따라 나중에 어떤 진로를 선택할지, 대학에 진학하기 위해 유리한지에 대한 고민은 눈곱만큼도 해본 적이 없다. 한 마디로 신중하게 고민하지 않았다는 것이다. 그냥 수학, 과학을 다른 것에 비해서 잘했고 다른 문과 과목보다 좋아하게 되어 선택했을 뿐이다.

신중하게 선택하지 않다 보니 이과를 선택한 것에 대해 후회한 적도 있었다. 과학고등학교의 특징상 과학, 수학을 다른 교과목에 비해 많이 배우게 되는데, 다른 과목은 거의 배우지 않고 교과과정에서 중요한 부분을 차지하지도 않는다. 또 고등학교 안에 동아리가 있는데 실험동아리, 수학동아리, 물리동아리 등 대부분 이과와 관련된 활동이었다. 과학이나 수학동아리에 필수로 들어가야 했고, 이과와 관련된 길만 바라보게 되었다. 완전히 이과 세상에서 살게 된 것이다. 처음에는 이과 과목이 더 좋았기에 만족스러웠다. 그러다 고등학교 1학년 때 독서 토론 동아리에서 활동할 수 있는 기회가 있었다. 학교 내 유일한 '문과스러운' 동아리였다. 그 동아리에서는 일주일에 한 번씩 만나 다양한 책을 읽고 시사와 관련된 주제로 토론을 했는데 정말 새로운 경험이었다. 그동안에는 매일 정석, 논문만 보다가 사설, 소설과 같은 책을 읽을 수 있었고 토론하면서 자신의 주장을 명확히 전달하는 방법을 배울 수 있었다. 항상 이과 관련 공부만 하다 보니 일주일에 한 번씩 하게 되는 이 동아리 시간이 정말 소중해져버렸다. 그 시간 속에서 문과라는 영역 역시 굉장히 매력적인 분야라는 것을 알게 되었다. 나는 문과, 이과를 선택해야할 때 별다른 생각 없이 이과를 선택했었지만 충분히 고려하지 않고 선택한 것에 대해 후회가 되었다.

이것이 필자만의 특별한 케이스라고 생각하는 독자도 있을 것이다. 하지만 다른 학교의 많은 친구들 역시 문과, 이과를 신중히 선택하지 않았다가 시간이 흐른 후 진로를 선택해야 하는 시점에 와서 후회하는 경우를 너무나 많이 보았다. 다행스럽게도 필자의 경우 지금 이과와 관련된 적성을 찾아서 만족스럽게 진로의 방향을 잡고 있지만 만약 다시 문과, 이과를 선택할 수 있는 시점으로 돌아간다면 정말 심사숙고할 것 같다. 그래야 나중에 후회하지 않는다.

신중히 선택한다는 것은 어떻게 하는 것인가?

필자는 뭔가를 신중하게 선택해야 할 때 다음과 같은 순서로 한다.

1. 해야 하는 것
2. 하고 싶은 것(원하는 것, 열정이 있는 것), **잘하는 것**(잘 어울리는 것)
3. 배우고 싶은 것, 흥미 있는 것

어떤 경우에서든 해야 하는 것을 먼저 선택한다. 할 일을 먼저 하면 나중에는 내가 하고 싶은 일을 충분히 할 수 있기 때문이다. 해야 할 일을 미루면 짐이 되기 때문에 가장 먼저 해결하는 것이 좋다. 그 다음엔 하고 싶은 것과 잘하는 것에 대해 고민한다. 이 두 가지 중 어떤 것이 더 중요하다고 말하기는 어렵다. 예를 들어서 대학입학 시험같이 굉장히 중요한 시험을 본다고 가정하자. 시험 과목 중에 사회가 있는데 경제, 지리, 역사 중 하나를 선택해서 시험을 봐야 한다면 당연히 잘하는 것을 선택할 것이다. 자신이 경제과목을 좋아하지만 높은 점수를 받아야 하는 상황이라면 더 잘하는 것을 선택하는 깃이 현명하다. 따라서 하고 싶은 것과 잘하는 것 사이에서 항상 고민하게 된다. 내 경우 대부분 내가 하고 싶은 것 중 가장 잘할 수 있는 것을 선택하곤 한다. 스스로 하고 싶은 것을 했을 때의 만족감이 잘하는 것을 했을 때의 만족감보다 크기 때문이다. 하지만 위와 같이 불가피하게 잘하는 것을 선택해야 하는 경우가 있기에 항상 신중해야 한다.

　문·이과를 선택할 보통 하고 싶은 것과 잘하는 것 사이에서 고민한다. 나는 하고 싶은 분야를 선택하라고 조언하고 싶다. 미래에 선택할 수 있는 진로의 방향을 어느 정도 결정하기 때문이다. 너무 먼 미래는 말고 10년 정도의 미래까지는 생각해보자. 미래의 자신이 가고 싶은 학과나 직업과 관련된 쪽으로 선택하는 것이 좋다. 관심 있는 분야라도 좋다. 지금 당장 국어가 좋더라도 미래에 의사가 되고 싶다면 처음에 이과를 선택하는 것이 좋을 수 있다. 나중에 진로를 선택해야 할 시점이 오면 후회할 수도 있기 때문이다.

　무엇보다도 누군가 다른 사람 때문에 길을 선택하는 일은 없었으면 좋겠다. 대부분 부모님이나 선생님 말씀에 따라 문·이과를 선택하는데, 결코 옳은 선택이 아니다. 그분들의 경험과 지식을 바탕으로 이야기를 해주시는 것에 귀를 기울여야 한다. 하지만 그것이 여러분에게도 맞을 것이란 보장은 없다. 결국 선택은 본인이 하는 것이다. 타인에 의해 선택할 경우 후회하게 될 가능성이 높다. 홍석일

02.
10년 후 내 인생을 그려보라

"나는 문과를 가야 할까? 이과를 가야 할까?"

고등학교 1학년 2학기, 이 질문은 최종 선택의 순간까지 나를 따라다니며 괴롭혔다. 스스로 생각하는 '나'와 지표들이 말해주는 '나'가 많이 달랐기 때문이다. 스스로는 문과가 잘 맞는다고 생각했고 문과를 지망했었다. 하지만 문과와 이과 선택을 앞두고 고등학교 1학년 때 한 적성검사에서는 문과적성(어휘력, 추리력, 언어논리력)과 이과적성(수리력, 지각력, 수추리력, 과학적사고력, 독표력)을 비교했을 때 이과적성의 평균이 더 높았다. 또 제1 적성으로 수학전산이 적혀 있기까지 했다. 그 이전에 해본 다른 성격유형검사나 흥미검사 등에서는 어느 한 유형이 명확히 나오는 것이 아니라 여러 유형이 동점으로 나오는 경우가 왕왕 있었다. 학업면에서는 사회탐구와 과학탐구의 차이가 없었고, 수학도 자신 있는 과목 중 하나였다. 게다가 주변에서는 이과 기피 현상이 있어서인지 이과의 장점을 많이 말해주었고 솔직히 그 장점들에 수긍이 갔다. 특히 이과 진학 시 진출 가능한 여러 직업 세계의 전망은 매력적일 수밖에 없었다.

그런데도 여전히 "문과가 잘 맞지 않나? 문과를 가야 하지 않을까?" 라는 조금은 막연할 수 있는 생각이 사라지지 않았다. 내가 나를 모르는 것인지 아직 내가 선택할 준비가 안 된 것은 아닌지 여러 가지 생각이 끊임없이 이어져 모든 면에서 자신이 없어졌다. 결국 '문과'를 선택했다. 선택의 근거는 한 가지, 동그라미의 개수였다. 나는 대학학과목록에 동그라미를 그리는 작업을 시작했다. 고등학교를 졸업하고 대학에 갈 텐데, 문과로 갈지 이과로 갈지의 선택이 중요한 이유는 바로 이 선택에 따라 어느 학과를 갈지에 대한 대략적인 방향이 정해지기 때문일 것이다. 그래서 그냥 문과인지 이과인지 결정하기보다는 대학학과목록을 보면서 하나하나 질문을 던져보았다.

"만약 이 학과에 진학하다면 4년을 공부할 수 있을까?"

그저 가볍게 이런 질문을 던진 것이 아니었다. 이미 고등학교를 졸업하고 대학생이 되어 이 학과를 다니고 있다고 생각하고, 만약 정말 싫어서 학교를 그만둘 것이 아니라면 '아니다'라는 답을 선택할 수는 없다고 다짐하면서 한 학과 한 학과 질문을 시작했다. 그 학과를 다닐 수 있다고 할 만한 이유는 무엇이라도 괜찮았다.

"취업이 잘된다고 하니까"

"싫은 과목들도 좀 있지만 몇몇 과목들은 마음에 드니까 재미있게 다닐 수 있을 것 같아."

"졸업 후 진로가 다양하니 나에게 맞는 것 하나는 찾을 수 있겠다."

"사회적인 위상이 느껴지는 학과네."

"전망이 좋은 학과인 것 같다."

작은 이유라도 마음을 다잡고 4년을 다닐 수 있을 것 같은 학과는 동그라미를 쳐보았다. 그리고 정말로 싫은 학과들은 엑스 표시를, 아무리 생각해도 잘 모르겠다 싶은 학과는 세모 표시를 했다. 그 결과를 보니 압도적으로 문과로 분류될 과가 많았다. 동그라미 표시 중 보다 긍정적인 학과는 형광펜으로 줄을 그었는데 그것 또한 대부분이 문과였다. 조금 더 솔직히 말하자면 이과에 동그라미를 친 것은 단 2개에 불과했다. 그래서 문과를 선택했고, 그 선택은 이후 한 번도 후회하지 않고 있다. 농담처럼 "그때 이과를 선택했으면 취직이 잘 되려나?"라는 말을 던져본 적은 있지만 진심으로 후회해본 적은 없다.

후회가 없는 것은 아마 더 멀리 보고 선택했기 때문일 것이다. 그리고 그 선택을 위해 던진 질문 하나하나를 제대로 판단하기 위해 가능한 많은 경험들을 되돌아보았고, 그 학과가 무엇을 하는 학과인지 조사했고, 그 학과에서 공부한다면 어떨까 상상해보았다. 물론 그때까지 한 경험은 일천했고, 여러 학과에 대한 조사는 틀린 점이 있었으며, 대학에 와 보니 상상은 현실과 다른 경우도 있었다. 그래서 이때 친 동그라미와 엑스 표시가 지금과는 많이 다를 것이라고 생각한다. 취업이 잘된다고 하니까 졸업 후를 생각하며 다닐 수 있겠다 생각하고 동그라미를 친 경영학과는 대학을 와서도 아니고 그 학과를 지원하자마자 엑스로 바뀌었다. 즉, 그 표시들이 전부 옳은 판단은 아니었다는 것이다. 하지만 그럼에도 그 고민은 가치가 있었다.

지금 당장 공부하고 있는 과목들이 아니라 앞으로 공부해야 할 과목들을 생각해보았었다. 눈앞에 놓인 각종 진로검사보다는 5년 후, 10년 후의 '나'를 생각해보았었다. 여러 직업 세계가 가지는 전망보다는 그 직업 세계들에서 그 직업을 가지고 살아갈 '나'를 생각해보았었다. 그래서 후회하지 않는다. 부족하긴 하지만 그때 할 수 있는 범위에서의 모든 고민을 했었기 때문이다. 눈앞에 닥친 선택의 무게에 짓눌리지 않고 천천히 하나하나 진지하게 고민하기 시작해서 할 수 있는 한 가장 멀리 보았었기 때문이다. 잘못 본 것도 있고 맞게 본 것도 있지만 모든 것을 직접 경험할 수 없었던 그때의 내가 할 수 있는 최선을 다해 스스로에 대해 고민해본 것이다. 그리고 그 고민을 바탕으로 접할 수 있는 최대한의 정보를 구해 생각했다. 대학 졸업을 앞둔 지금 나는 문과, 이과 외에도 많은 선택들을 내렸다. 이 선택들이 앞으로 어떤 결과로 나타날지는 잘 모른다. 하지만 확실한 것은 적어도 문과와 이과 중에서 문과를 선택한 것을 후회할 일은 없을 것이라는 점이다.

많은 친구들이 문·이과 선택을 앞두고 사회가 나에게 맞는지 과학이 나에게 맞는지를 고민하며 버거워 한다. 하지만 눈앞에 닥친 선택의 무게에 눌리지 말았으면 좋겠다. 조급함에 발밑만 쳐다보기보다는 멀리 내다보고 다른 사람이 보는 내가 아닌 스스로 생각하는 나에 주목했으면 좋겠다. 직업의 전망보다는 그곳에서 나 자신의 전망이 어떠할지 고민했으면 좋겠다. 대부분의 학생에게 처음으로 주어지는 선택, 그 선택의 무게는 결코 가볍지 않다. 하지만 그 무게에 짓눌리지 않아야 스스로에게 최선이 될 선택을 할 수 있을 것이다. 솜미리안

03.
내가 좋아서 선택하는 길

뭔가를 결정할 때 내가 좋아서가 아니라 선생님이 가라고 하거나 부모님의 강요 등 매번 외부적인 요인으로 어떤 것을 선택하는 것이 일반적이다. 하지만 내 꿈만큼은 내가 원하고 좋아하는 것을 선택하는 것이 옳다고 생각한다. 초등학교 2학년 때였다. 당시 분당에서 학교를 다녔었는데 분당은 강남, 목동을 잇는 교육중심지역으로 사교육 중심의 학구열이 상당히 높았다. 몇 점 안 되는 수행평가, 시험점수에 어머님들이 학교에 찾아와 항의도 하고 전화도 자주 하는 그런 곳이었다. 어느 날 중학교 음악 수행평가에서 특이한 악기로 시험을 보면 점수를 잘 준다는 소문을 듣고 오신 이미니는 당장 어떤 악기를 시킬지 고민을 시작하셨다.

결국 국악 중에서도 타악, 장구로 처음 국악을 접했는데 분명히 시작은 부모님의 철저한 아들 관리 차원이었다. 장구를 배우면서 시간이 흘러 초등학교 4학년이 되었다. 중학교를 걱정하던 와중에 당시 장구를 가르쳐 주시던 국악 선생님께서 국악중학교에 가는 것이 어떨지 권하셨는데, 나름 흥미 있게 악기를 배워온 데다가 학교에서도 늘 책상만 두드린다는 담임 선생님의 전화를 계기로 국악중학교를 선택하게 되었다. 그때부터 나의 입시인생이 시작되었고, 열심히 준비하여 시험을 치렀다. 매일 1시간 정도 되는 거리를 왔다 갔다 하면서 열심히 배우러 다녔고, 하루에 해야 되는 분량이 부족하면 거의 밤새워가면서 완성시켰다. 입시 당일 시험을 보고 일등으로 시험지를 내고 나와서 부모님께 당당하게 "시험 잘 봤어, 붙을 것 같아."라고 말했다. 그러나 결과적으로 떨어졌다.

분명히 붙을 것이라 생각하고 입시 준비만 열심히 했기 때문에 중학교 선행 학습은 물론 공부를 소홀히 한 상태였다. 일반계 중학교를 가면 분명히 좋은 성적을 못 받을 것이라는 사실을 직시하고 재수를 생각했지만, 일단은 나의 국악에 대한 의지가 확고하지 않아 일반계 중학교를 가기로 결정을 내렸다.

중학교를 다니면서 내가 음악을 진정으로 좋아하는지, 이 길로 가면 행복할 수 있을지 등 진지한 고민을 하기 시작했다. 공부하기 싫다기보다는 내가 무엇을 하면서 행복하게 살 수 있을까에 대한 꿈에 대한 고민을 조금 일찍 시작했다고 생각한다. 결국 국악고등학교를 가기로 맘먹고 내신 관리와 악기 연습 등 이전과는 2배 정도 강도가 센 국악고등학교 입시 준비를 시작했다. 입시 준비를 하는 동안 악기가 좋았고 음악이 좋았다. 잘 때는 무조건 국악을 들었으며 악기를 통해 감정을 표현하는 연주를 하는 것이 행복했었다. 그렇게 연습한 후 고등학교 입시 시험을 봤고, 합격했다. 고등학교를 스트레스로 기억하는 다른 아이들과 달리 좋아하는 악기를 하고 악기를 하는 친구들 사이에서 지내는, 내게는 정말 행복했던 시절이었다. 학교 가기 싫었던 적이 없었고, 몸은 좀 힘들었지만 단 한순간도 감정적인 소모는 없었던 것 같다.

당시의 나를 되돌아보면 그때 국악이 싫었다면 고등학교를 거쳐 서울대학교에 합격하는 이 순간이 왔을까 싶다. 당연히 그러지 못했을 것이라고 생각한다. 그저 국악이 좋았고 악기가 좋았었기에 그리고 좋아했던 분야를 전공으로 선택했기에 지금 이 자리에 있다고 생각한다. 좋아하는 분야를 꿈으로 정하고 그에 맞는 진로를 결정한 후 '지옥'이라는 고등학교도 행복하게 다녔다. 누군가의 강요된 선택이 아니라 내가 간절하게 좋아했으며 국악을 해야만 한다고 느꼈었다.

어떤 가치관 아래 진로를 결정하는 것은 무엇보다도 나 자신의 의사가 분명하게 들어가야 한다. 남들이 그 가치관을 정해주는 것도 아니고 누군가에 의해 정해지는 것 또한 옳지 못하다. 진정으로 가슴에서 우러나오는 꿈, 생각만 해도 가슴 떨리는 꿈을 찾기 위해 자신의 꿈과 미래에 대해 진지하게 생각해보자. 김재훈

04

전공 선택, 이것만은 알고 하자!

대학에 들어가는 첫 번째 관문은 학과 선택이다. 한 번의 선택이 인생을 좌우할 수 있는 것처럼 학과 선택은 처음으로 자신의 진로를 결정하는 중요한 과정이다. 때문에 많은 고민을 해야 하고 신중하게 선택해야 한다. 나 또한 대학 진학에 앞서 지원할 학과를 선택할 때 많은 고민을 했던 것 같다. 항상 나의 주관은 '내가 하고 싶은 것을 하자'였지만 입시를 코앞에 두고 자기 소개서를 써야 할 때는 흔히 말하는 점수에 맞춰 지원할지, 취업을 해야 하니까 비교적 전망 좋은 직종과 관련된 학과를 들어갈지 많은 고민을 했었다. 그로부터 몇 년이 지난 지금 생각해보면 그때의 결정이 정말 중요했다는 것을 느낀다. 대학이라는 공간이 가지는 의미는 크다. 우리는 대학에서 많은 것을 배우고 우리 인생에서 대학과 학과가 많은 영향을 미친다는 것을 대학에 들어온 이후 느끼고 있다. 대학에서 만나는 사람들, 대학에서 배우는 것들, 배울 수 있는 것들, 대학이 가지고 있는 신념 등은 그 대학, 학과 학생의 앞으로의 수십 년 동안의 인생에 있어 정말 큰 부분이 된다. 따라서 대학, 그리고 학과 선택은 정말로 중요하다. 지금부터는 나의 고등학생 때, 그리고 멘토링을 하고 있는 많은 멘티들의 고민을 바탕으로 학과 선택에 있어 반드시 유의했으면 하는 것들에 대한 이야기를 하려고 한다.

1. 자신의 희망 진로를 고려하여 학과의 방향을 정하자

앞에서도 이야기했지만 학과 선택은 진로 선택에 커다란 영향을 준다.

2. 학과의 이름만 보고 학과를 선택해서는 안 된다

그 학과의 이름이 그 학과에서 하는 것과 그 학과를 나와서 할 수 있는 진로를 모두 포함하지는 않는다. 책의 표지만 보고서 그 책을 평가할 수 없듯이 그 학과의 이름보다는 그 학과에서 실제로 어떤 공부를 하는지 구체적으로 알 필요가 있다.

3. 학과를 선택할 때 그 학과에 대해 최대한 많이 조사해보는 것이 좋다

그 대학 학과 홈페이지를 방문해서 나와 있는 것들을 모조리 읽어보면 어느 정도 그 학과의 분위기를 알 수 있다. 또 같은 학과라고 해도 대학마다 다를 수도 있다. 예를 들어 모든 대학의 경영학과가 다 같은 경영학과가 아니다. 물론 비슷하겠지만 다른 점도 분명히 있으니 대충 예상만 하지 말고 찾아보고 비교해보자. 자신이 조금이라도 관심 있는 학과의 홈페이지에 들어가서 어떤 교과과정으로 운영되고 있는지 알아볼 필요가 있다.

다음으로는 많은 학생들이 실제로 학과를 선택할 때 고민하는 요소들을 비교해 가며 이야기하려고 한다. 사실 이 부분에 대해 언급하는 것이 매우 조심스럽다. 학과 선택의 경우 답이 없기 때문이다. 중요한 것은 결국 선택은 자신의 몫이라는 점이다. 나한테 어떤 요소가 맞는지 생각하면서 보면 좋을 것 같다.

내가 가고 싶은 학과 VS 갈 수 있는 학과

내가 고등학생 때 학과에 대해서 가장 고민을 많이 했던 순간은 최종 성적표를 받았을 때였던 것 같다. 안타깝게도 그동안의 입시 자료가 내 성적 정도면 어디를 갈 수 있고, 어디는 무리인지를 결정한다는 것이 나 스스로를 고민에 빠트렸다. 떨어질 위험이 높지만 내가 가고 싶은 학과를 지원할 것인지, 아니면 점수에 맞춰 갈 수 있는 학과를 지원할 것인지가 그렇다. 이 문제에 대해 나는 이렇게 생각한다. 스스로가 특별한 꿈이 없고 갈 수 있는 학과를 가더라도 만족할 것 같다고 생각한다면 갈 수 있는 학과에 가라고 조언하고 싶다. 그러나 만약 나만의 꿈이 따로 있다면 꿈과 관련된 학과를 찾는 것이 맞는 것 같다. 내가 고등학교 시절 가장 고민했던 것이 괜히 능력 밖의 학과를 지원했다가 떨어져 재수를 하게 되면 어떻게 하지라는 것이었다. 하지만 현재 대학생으로서 판단하기에 재수하기 두렵다고 꿈과 상관없이 무작정 갈 수 있는 학과를 선택하는 것은 나중에 후회할 가능성이 높다. 앞에서 말했지만 대학교는 보통 4년이고 상황에 따라서는 더 길어질 수도 있다. 인생은 장기전이다. 학과 선택이 나중의 진로 선택에 있어 중요한 방향이 될 수 있기 때문에 개인적으로는 빨리 갈 수 있는 학과를 가느니 남들보다 1, 2년 늦어도 자신이 정말 원하는 학과를 가는 게 덜 후회할 수 있는 길이라고 생각한다. 또 요즘은 대학 입학사정관제의 도입으로 현재 점수보다 이 학생이 얼마나 그 학과에 관심과 애정이 있는지를 보려고 하기 때문에 가고 싶은 학과와 관심이 있는 학과를 선택하는 것이 보다 자신의 이야기를 만들 때 유리하다.

일반적인 학과 VS 특수한 학과

대부분의 학생들이 일반적인 학과를 갈지 특수한 학과를 갈지 고민하는 것 같다. 여기서 '일반적'이라는 뜻을 특별히 어떤 진로에 특화된 것이 아니라 다양한 것들을 할 수 있다는 의미에서 생각해보자. 둘 다 장점이 있고 단점이 있다. 먼저 특수한 학과의 경우 진로 방향이 거의 정해져 있기 때문에 하나에 쉽게 몰입할 수 있다. 또 그분야만을 집중적으로 공부하기 때문에 다른 학과에 비해 전문성이 있다는 장점이 있지만, 다양한 공부를 하기가 어렵다는 단점도 있다. 대학 생활 중 진로의 방향이 바뀔 수도 있다. 대학에 와서 공부를 했는데 다른 학문에서 재능을 찾았다거나 자신의 학과가 아닌 다른 분야에 관심이 생길 수 있다. 그럴 경우 특수한 학과에 진학 중이라면 길을 돌아가야 하는 경우가 생긴다. 일반적인 학과의 경우는 반대다. 선택의 폭이 넓을 수 있지만 그 학과만의 전문성이 없을 수 있다. 개인적으로는 특수한 학과보다는 일반적인 학과를 가는 것이 낫지 않을까 생각한다. 스스로 진학하고자 하는 분야가 뚜렷하다면 그것이 곧 정답이지만, 현실적으로 고등학교까지의 생활이나 경험만으로 자신의 진로 분야를 일찍 좁히는 것은 도박일 수도 있다는 생각이다.

유명한 학교의 경쟁률이 낮은 학과 VS 유명하지 않은 학교의 경쟁률이 높은 학과

학과 선택에 있어 또 다른 변수는 대학이다. 좋은 대학이라는 기준이 뭔지는 잘 모르겠지만 서로 경쟁을 통해 대학에 진학하는 현재의 시스템을 보면 인기가 많은 학교인 경우 경쟁률이 높아 떨어질 위험이 높다. 나는 이렇게 말해주고 싶다. 허용할 수 있는 범위의 학과 내에서 최대한 인지도가 높은 학교를 가라고. '나는 이 대학이 좀 더 좋지만 그럴 경우 내 성적으로는 이 학과를 가야 하는데 그건 정말 아니다.' 이런 경우만 아니라면 가능한 인지도가 좋은 학교를 가는 것도 나쁘지 않다. 이런 말을 하는 이유가 단지 대학의 명성이 가져오는 것 때문만은 아니다. 대학에 가면 수업을 통한 학문도 있지만 사람을 통해서도 많이 배운다. 명성이 높은 학교 일수록 많은 학생들이 가고 싶어 하는 것은 당연하다. 그 치열한 경쟁을 거치고 모인 사람들 틈에 서야 더 많은 것을 배울 수

있고, 더 많은 기회가 존재하기 때문이다.

비전 있다고 생각되는 학과 VS 비전보다는 내가 배우고 싶은 학문의 학과

이것은 취업이 잘되는 학과를 선택할 것이냐 아니면 내가 배우고 싶은 분야의 학과를 선택할 것이냐 하는 고민과 같다. 이 부분에서 말해주고 싶은 것은 대학에서 하나의 학과를 선택했다고 해서 다른 분야의 공부를 못 하는 것은 아니라는 점이다. 예를 들어 내가 공학을 전공한다고 해서 경제 같은 학문을 배우지 못하는 것은 아니다. 대학 시스템은 기본적으로 내가 원하는 수업을 직접 선택하여 시간표를 만들 수 있다. 그러나 내가 배우고 싶은 분야가 졸업 후의 진로와 연결되지 않을 때 딜레마에 빠진다. 예를 들어 나는 정말로 피아니스트가 되고 싶고, 피아니스트가 되려면 당연히 피아노 학과에 진학하는 것이 맞다. 하지만 그것이 취업을 보장해주지는 않으니 고민이 필요하다. 그럴 경우 실제 피아노 학과에 진학 중인 사람들을 만나보고 스스로 탐색하여 덜 후회할 것 같은 학과를 선택하는 것이 바람직하다고 생각된다.

학과 선택은 정말 어려운 문제이다. 그러나 두려워할 필요는 없다. 어떤 선택이든 길은 존재하며 무엇을 선택하든 실패하는 것은 아니다. 결국에는 자신의 선택을 믿고 우직하게 밀고 나가 올바른 선택이었음을 증명하는 것이 더 바람직하다. 다만 이왕 선택할 거, 선택할 수 있는 시간이 충분히 있을 때 탐구하고 고민하는 것이 좋을 것이다. 홍석일

05

이 학문이 내게 어떤 의미인지를 먼저 정하라

솔직히 말하면 나는 대학에 들어올 때 충분한 고민 없이 점수에 맞춰 학과를 선택한 편이다. 서울대의 어느 학과를 들어가느냐 보다 당장 서울대에 들어가는 것이 더 급했기 때문이다. 그렇게 선택한 전공이 잘 맞는 편이었고, 이후에는 전공에 대한 자부심까지 가지게 되었으니 내 경우는 운 좋은 케이스라고 말할 수 있을 것 같다. 그러나 주변에 점수에 맞춰 전공을 선택한 친구들 중 전공이 잘 맞지 않아서 계속 공부해야 할지, 아니면 다른 길을 찾아야 할지 고민하는 케이스도 여럿 있었다. 전공이 잘 맞지 않는다는 것은, 해당 전공에서 배우는 지식에 흥미를 느끼지 못하거나 자신이 정한 진로에 도움이 되지 않는다고 느끼거나 아니면 좀 더 높은 평판을 받는 전공에 욕심을 내는 등 다양한 경우를 말한다. 이러한 고민 끝에 전공을 바꿔야겠다고 생각한 학생들은 3학년 이후에 전과를 하는 편이다. 지금까지 공부한 전공을 과감히 버리지 못하는 학생들은 복수전공이나 부전공으로 원하는 다른 전공을 획득하기도 한다.

이렇게 다소 시간과 비용이 들더라도 자신의 주전공을 바꾸거나 복수전공, 부전공으로 두 번째 전공을 가질 수 있는 기회가 있다. 본인의 각오와 노력만 있다면 전공을 바꿀 수도, 혹은 전공을 더 추가할 수도 있는 것이다. 실제로 어떤 학생의 경우 서울대 A학과로 입학했다가 3학년 때 B학과로 전과한 다음, A학과를 복수전공으로 바꾼 사례도 있었다. 그 학생이 졸업하면 서울대학교 B학과, A학과 전공 이수로 인정된다. 이렇게 전략적으로 전과, 복수전공, 부전공 제도를 활용하는 학생들도 있다. 그러므로 점수 때문에 원하는 학과에 지원하지 못한다고 슬퍼하는 학생들, 혹은 자신이 지원하는 학과가 자신에게 잘 맞을지 자신이 없는 학생들은 대학 입학 후에도 사용할 수 있는 두 번째 기회가 있다는 것을 기억하길 바란다.

나는 주전공인 소비자학이 잘 맞는 편이었지만, 복수전공을 선택해서 또 다른 학문을 전공으로 이수하고자 하는 욕심이 있었다. 그 당시에는 철학과와 경영학과 중에서 무엇을 복수전공으로 선택할지 깊은 고민에 빠져 있었다. 사실 나는 평소에 인문학에 관심이 많고 철학 수업을 재밌게 듣는 학생으로서 철학을 복수전공으로 하고 싶은 마음이 더 컸다. 그러나 주변의 부모님, 선배님, 신뢰하는 친구들 모두가 철학보다는 경영학을 복수전공으로 선택하라고 조언했다. 논리는 단순했다. 전공은 훗날 '밥 벌어 먹을 수 있는 것'으로 선택해야 한다는 것이었다. 경영학은 취업에 유리하지만, 철학은 상대적으로 그렇지 못한 전공이기 때문에 대학 졸업 후를 생각하면 철학보다 경영학을 전공으로 이수하는 것이 훨씬 더 삶에 도움이 될 것이라는 말들을 많이 들었다.

그럼에도 불구하고 복수전공으로 철학을 선택했다면 참 드라마틱하겠지만, 인생을 먼저 살아본 선배님들의 조언에는 다 이유가 있겠거니 하고 경영학을 선택했다. 전공은 평생 남는 것이기 때문에 확실히 취업에 유리한 것으로 선택하는 것이 낫겠다고 생각했고, 철학에 대한 공부는 굳이 전공이 아니더라도 교양 수업을 통해서 보충하거나 따로 관련 서적을 많이 읽으면 된다는 나름의 절충안을 만들어 스스로를 설득한 것이다.

안타깝게도 경영학에서 배우는 내용은 딱히 나에게 잘 맞지 않았다. 각 수업에서 케이스 스터디와 팀 프로젝트를 통해 흥미롭게 기업의 구조를 알아간다는 장점이 있었지만, 소비자학이 좀 더 미시적으로 흥미로운 케이스들을 다양한 접근방법으로 다룬다는 점에서 그 장점마저도 크게 와 닿지 않았다.

복수전공을 선택하고 수업을 몇 개 들어본 후에야 깨달았다. 나에게 학문이란 재미와 의미가 동시에 있어야 한다는 것을 말이다. 나에게 소비자학은 배우는 내용과 배우는 방식 모두 재미있을 뿐더러, 소비자의 복지 증진을 추구하는 학문의 정신이 '타인을 돕는 사람이 되자'는 나의 핵심 가치관에도 부합하는 상당히 의미 있는 학문이다. 만약에 복수전공으로 철학을 선택했다면, 흥미와 재미는 물론이고 그 의미 또한 무궁무진한 학문인만큼 주전공인 소비자학만큼이나 큰 만족감을 느끼지 않았을까?

학문은 재미와 의미가 있어야 한다. 물론 이것은 주관적인 재미와 의미를 말한다. 재미는 학문에서 배우는 내용 자체가 흥미로운 것을 말하지만, 의미는 본인이 어떻게 설정하는지에 따라 달라질 수 있을 것이다. 나에게 있어 학문의 '의미'란 나의 핵심 가치관이자 궁극적 삶의 방향인 '타인을 도우는 것'과 부합하는 정도를 말한다. 혹자에게는 학문의 '의미'가 본인의 진로에 있어서 취업과 경력에 도움이 되는 정도를 말할 수도 있고, 혹자에게는 학문의 '의미'가 말 그대로 열심히 공부하고 연구하여 학문의 수준 자체를 발전시키고자 하는 학구열이 될 수도 있을 것이다. 어떠한 의미를 추구하느냐는 자유이며 정해진 정답은 없다.

이 글을 읽는 여러분은 가능한 학문과 전공을 선택하기 전에 충분히 그 전공의 '의미'를 고민했으면 좋겠다. 선택에 가장 큰 도움이 되는 것은 예비 경험을 해보는 것이다. 해당 전공 수업을 청강으로든, 교양 수업으로든 꼭 미리 수강해보길 바란다. 그것이 힘들다면 학과 홈페이지에 게시된 교과과정과 커리큘럼을 꼭 확인하고 각 수업에 대한 자세한 설명을 읽어보길 바란다. 그렇게 해서 인생의 중요한 방향을 결정하는 전공 선택에 있어 꼭 후회 없는 선택을 하길 바란다. 조은빛이

06.

간판 따라 대학가기 vs 소신 따라 대학가기

우리가 일반적으로 보는 시험에서 객관식은 5개 중에 1개가 답이다. 주관식은 알맞은 단어를 하나 적으면 된다. 서술형 역시 문장을 쓰는 방식은 다양하겠지만 답이 정해져 있다. 하지만 세상의 모든 문제가 답을 가지고 있는 것은 아니다. 그리고 중·고등학교 시절 만나는 정답이 없는 문제의 대표적인 사례는 바로 "대학 이름을 봐야 할까요, 학과를 봐야 할까요?"가 아닐까 한다. 누군가는 대학 이름이 중요하다고, 그러니 대학 이름을 최대한 높이라고 말한다. 또 누군가는 원하지 않는 공부를 4년 넘게 하는 건 힘들다고 원하는 학과를 선택하라고 말한다. 조금 더 구체적인 답을 주는 사람들도 있다. 10대 사립까지는 대학 이름을 보고 그 외에는 학과를 보라거나, 인서울이거나 지방 거점 국립대라면 대학 이름을 보고 그 외에는 학과를 보아야 한다 등의 답들이 그것이다.

이 질문에 대한 답을 적어보기 전에 내 이야기를 먼저 하고자 한다. 일단 나는 고등학교 시절 사회과학대학으로의 진학을 희망했었다. 사회과학대학은 경영대만큼은 아니지만 어느 정도 실용성이 있으면서도, 인문대만큼은 아니지만 학문성을 가지고 있는 단대라는 이미지를 가지고 있었기 때문이다. 섣부른 비교일 수도 있지만, 당시에 알고 있던 짧은 지식으로 그런 생각을 했었다. 그리고 사회과학대학의 많은 학과들 중 경제학과에 관심이 많았다. 그 이유는 고등학교 때 배우던 '경제'가 재미있었기 때문이다. 정말 단순하지만 직접경험이 거의 없었던 당시에 그래도 앞으로 공부할 과목에 대한 맛보기 경험을 바탕으로 생각한 진로였다. 그리고 두 번째로 좋아하던 과목이 '사회문화'였기 때문에 사회학과가 2순위 지망학과였다.

이런 상황에서 원서를 쓴 대학은 서울대학교 사회교육과와 고려대학교 인문내학 그리고 서울시립대 세무학과였고 결과적으로는 서울대학교 사회교육과에 입학하게 되었다. 이 선택을 보면 알겠지만 대학 이름을 선택했다고 볼 수 있다. 아주 관련이 없는 것은 아니지만 그때 가장 선호했던 학과들은 쓰지 않았기 때문이다.

이런 선택에 대해 지금은 어떻게 생각하고 있을까? 정말로 후회하지 않는다. 아니, 그보다는 다행이라고 생각한다. 만약 내가 학과를 고집했다면 학교를 다른 곳으로 선택하더라도 경제학과를 썼을 것이다. 그런데 만약 그런 선택을 했다면 지금 아주 많이 후회하고 있을 것이다. 왜냐하면 단순히 고등학교 때 배운 '경제'라는 과목이 재미있어서 경제학과를 선호했었기 때문이다. 하지만 그 '경제'와 경제학과의 '경제'는 정말 다르다는 것을 대학교에 와서 알았다.

대학에 와서 주전공 과목으로 경제 과목들을 배울 뿐 아니라 복수전공을 생각하면서 경제학과의 수업도 들어보았었다. 그런데 본의 아니게 주전공의 경제 과목과 경제학과의 경제 과목, 두 수업의 교재와 배우는 내용이 똑같았던 적이 있다. 하지만 수업의 지향점이 달라서인지 과제의 성격이 많이 달랐다. 주전공 수업에서는 경제현상이 담겨 있는 신문기사를 스크랩하고 분석하는 과제를 했다면, 경제학과 수업에서는 여러 1차 통계자료를 엑셀 등을 이용해 분석하고 결과를 내는 과제를 했었다. 단순히 수업을 해주신 교수님의 생각 차이인가 싶어 다른 과목들의 강의계획서와 수강생 후기를 찾아보았는데, 적어도 배우는 과정만큼은 경제학과 수업은 실생활에 밀접한 느낌을 주지는 않았다. 반면 주전공 수업은 경제학과에서의 수업같이 경제학 지식을 배우더라도, 경제교육에 초점을 맞추어 쉽고 재미있게 가르치거나 교과서를 만들어보는 등의 활동을 해볼 수 있는 수업이 많았다. 그리고 나는 이 점에 더 큰 흥미를 느낀다는 것을 발견했다. 그래서 지금은 경제학과를 복수전공으로 선택하지도 않고 있으며, 대학을 지원할 때 '학과'를 선택하지 않은 것을 정말로 다행이라고 생각한다.

너만의 답을 적어라

이런 생각을 할 수 있었던 것은 어쩌면 운이 좋아서라고 볼 수도 있다. 단지 '학교'를 먼저 선택한 후 갈 수 있는 여러 학과 중 가장 좋았던 것을 선택했다. 좋아하는 과목이 경제, 사회문화이다 보니 다른 사범대의 교과교육과나 인문대학이 아닌 사회교육과로 진학한다면 향후 진로가 어떻게 되든 4년 동안의 공부가 재미있을 것이라는 생각이었다.

그 생각은 기대 이상으로 적중했고, 대학에 와서 복수전공 혹은 부전공을 위해 타 전공에 대해 탐색하면서 '고등학교 때 생각한 다른 과를 선택했다면'이라는 생각을 할 때마다 다행이라는 생각만 들 뿐이다. 지금 부전공을 하고 있는 과도 고등학교 때는 전혀 생각하지 않았던, 언론정보학과라는 점에서 학과를 선택하지 않은 것을 얼마나 다행이라고 느끼고 있는지는 분명하다.

하지만 그렇다고 '학교'를 선택하라고 권유하는 것인가 하면, 그럴 수도 있고 아닐 수도 있다. 원하는 진로가 명확하다면, 그리고 그 진로에 대한 어느 정도의 '깊은 이해'가 있다면 '학과'를 선택하라고 말하고 싶다. 깊은 이해는, 그 학과에서 어떤 것을 배우는지, 졸업 후의 진로는 무엇이 있는지, 그 졸업 후의 진로가 배운 내용과 어떤 관련성을 가지는지를 '깊이' 아는 것이라고 할 수 있을 것 같다. 이런 깊이 있는 이해를 바탕으로 진정 가고 싶은 학과가 있다면 그것을 선택해야 한다. 선택하지 않으면 선택하지 못한 길을 쳐다보며 4년을 후회로 보낼지도 모르기 때문이다.

내 경우는 경제학과에서 어떤 것을 배우는지 졸업 후의 진로는 무엇인지 알고 있었지만 사실은 몰랐었다. 배우는 과목 이름은 알았지만 구체적인 특성을 몰랐었던 것이다. 졸업 후의 진로를 알고 있있지만 그 진로를 나의 진로라고 여기지 않았었다. 사실 어떤 진로에 대해서 깊이 이해한다는 것은 어려운 일이다. 아는 것과 직접 경험해본 것이 다를 수도 있다. 그런데 섣부르게 '학과'를 선택해 학교를 낮추거나 다른 지역을 선택했다가 나중에 자신이 선택한 '학과'가 잘 맞지 않는다면 얼마나 후회하게 될지는 상상하기도 싫다.

　다만 그냥 무조건 '학교'를 선택하라고 말하는 것은 아니라는 점을 분명히 하고 싶다. 나는 생각한 '학과' 대신 '학교'를 선택했다. 하지만 정말 스스로의 적성에 맞지 않는다고 생각한 과들은 쳐다보지도 않았다. 대표적인 예는 어문계열의 학과들이었는데 인문대학 어문계열은 물론 사범대학 어문계열도 생각하지 않았었다. 즉, '학교'를 선택한다고 해도 학과를 전혀 고려하지 말라는 것은 아니다. 나랑 전혀 안 맞는 과에, 단지 '학교'를 보고 갈 수는 없다. 그저 이전에 생각했던 '한 한과'에 얽매이지 말고 보다 넓게 보고 선택하라는 것이다.

　그런 의미에서 "대학 이름을 봐야 할까요, 학과를 봐야 할까요?"는 정말 정답이 없는 질문이다. 개인이 경험한 것에 따라서 답이 달라질 수도 있기 때문이다. 그래서 내가 내린 답이 정답처럼 느껴지는 친구도 있을 것이고 오답처럼 느껴지는 친구도 있을 것이다. 만약 그렇다면 그 생각의 근거를 생각하면서 자기만의 답을 적어보기 바란다. 솜미리

07.
점수 맞춰 가는 것이 꼭 틀린 것은 아니다

일반적으로 고3 학생들은 수시든 정시든 자신의 점수에 맞춰 대학 원서를 쓰게 된다. 실제 사례들을 봐도 자신이 원했던 대학, 원했던 전공에 모두 만족해서 대학에 들어가는 학생들은 오히려 소수에 불과하다. 그렇다면 점수 맞춰 대학가는 학생들이 대부분인데 왜 사회에서 많은 비난을 받을까? 그리고 이렇게 점수에 맞춰서 대학가는 것이 항상 잘못된 것일까?

비난을 받는 이유는 간단하다. 자신이 하고 싶은 꿈을 쫓지 않고 단순히 대학서열화, 학벌지상주의에 빠져 있다는 것이다. 하지만 이런 사회를 만든 것은 누구인가? 여러분을 비난하고 있는 어른들이다. 애초에 이런 말들이 나온 이유는 현대 사회가 대학의 유명세에 맞춰 돌아가고 있기 때문이다. 100% 정답은 아니지만 좋은 대학을 나오게 되면 좋은 기업에 취직할 확률이 높아진다. 이런 이유로 부모님이나 선생님들께서는 공부 열심히 해서 좋은 대학 가라는 말을 쉴 틈 없이 하고 있는 것이다. 나는 좋은 대학에 가기 위해 공부하는 여러분이 틀리지 않았다고 말하고 싶다. 하지만 이 글을 끝까지 읽는다면 여러분은 마음가짐을 더 새롭게 할 수 있을 것이다.

"당신의 눈을 감고 길을 걸어보세요. 잘 걸어지나요? 실눈을 조금 떠보세요. 훨씬 낫죠? 그냥 평소처럼 눈을 다 뜨고 걸으세요. 쉽죠? 제가 하려고 하는 말은 바로 이것입니다."

맹목적인 공부는 독과 같다. 아무리 노력해도 한계에 도달하게 된다. 다른 조건이 동일할 때, 가장 공부를 잘하는 사람은 확고한 꿈을 갖

고 열심히 공부하는 사람이며, 그 다음은 좋은 대학을 목표로 삼아 열심히 공부하는 사람이고, 그 다음은 아무런 목표가 없는 사람이다. 당신은 어떤 사람인가.

꿈이 확고하고, 이를 이루기 위한 노력을 꾸준히 하는 사람은 보통 자신이 원하는 대학, 원하는 전공을 갖게 된다. 그만큼 그 꿈을 이루기 위해 열심히 노력해왔기 때문이다. 그리고 어느 순간 그 분야에서 전문가가 된다. 이건 단순히 대학을 따지는 것이 아니다. 먼 미래에 자신의 꿈에 도달했을 때를 말하는 것이다. 보통은 수능 공부와 관련된 전공이 많기 때문에 다들 열심히 공부하지만, 일부 공부와 관련이 없는 분야의 꿈을 갖고 있는 사람들에겐 굳이 중요하다고 생각하지 않는다. 관심 분야의 공부가 더 중요하기 때문이다. 그래서 수능 공부를 소홀히 하게 되는 경우도 많다.

많은 사람들이 자신의 꿈은 확고하다고 생각하며 살아간다. 하지만 그런 확고한 꿈을 어느 순간 잃어버리기도 한다. 만약 갖고 있던 꿈을 포기하는 순간이 중·고등학교 때라면, 자신이 새로운 꿈을 꾸는 데 큰 도움을 줄 수 있는 유일한 것은 바로 꾸준히 해오던 수능 공부이다. 그러니 수능 공부를 완전히 포기해서는 안 된다. 그렇기 때문에 수능 공부를 기본으로 하면서 자신의 관심분야를 깊게 파야 한다.

아직 꿈은 없지만 특정 대학을 목표로 열심히 공부하는 학생들, 또는 아무런 목표 없이 하루하루를 무의미하게 보내는 학생들도 많다. 이런 부류의 학생들은 지금 현재 꿈이 없더라도 열심히 공부해야 한다. 그러면서 매 순간순간 자신이 좋아하는 분야가 뭔지, 내가 어떤 직업, 어떤 일을 하면 행복하게 살 수 있을지 고민해야 한다. 그리고 이런 고민과 함께 자신이 할 수 있는 최대한의 노력으로 공부해야 한다. 그렇게 해서 자신이 갈 수 있는 제일 좋은 대학에 가자. 즉, 점수 맞춰서 대학에 가자. 이건 틀린 게 아니다. 전공은 자신이 조금이라도 관심 있는 분야가 있다면 일단 그곳에 들어가라. 꿈은, 그리고 미래는 그 후에 고민해도 늦지 않다.

대학이라는 곳은 생각보다 학생들에게 많은 길을 열어준다. 전과, 복수전공, 부전공 등 자신이 원하고 그에 상응하는 노력만 할 수 있다면 얼마든지 제2의 기회를 주는 곳이다. 심지어 자율전공학부까지 있어 자신의 전공을 2학년 때 정하도록 하는 과도 있다. 그러니 일단 들어가라. 그리고 1학년 때 다른 과수업들을 다양하게 들어보길 바란다. 적응하느라 바빴다면 2학년 때 다른 과수업을 들어도 괜찮다. 그렇게 하나하나 확인하면서 꿈을 찾아도 늦지 않다. 꿈은 언제 시작했는가보다 얼마나 노력했는가가 중요한 것이다. 그러니 꿈이 없다고 너무 좌절하지 마라. 일단 공부해라. 그리고 점수에 맞춰 대학에 가자. 그곳에는 새로운 기회가 기다리고 있으니 말이다. 남민호인

08.

우물 안 개구리에서 벗어나는 특별 활동

　　고등학교 2학년 때 소리누리 예술단이라는 단체에 들어가 활동했었다. 당시 국립국악고등학교 산하 예술단이었는데 나름 오디션을 통해 경쟁을 뚫고 들어갔고, 한 달에 한 번씩은 공연을 했기 때문에 다른 아이들과 달리 무대에 서는 기회가 많았다. 국악중학교를 나오지 않은 입장에서 무대에 대한 공포심을 없애고 경험을 많이 쌓을 수 있는 좋은 기회이기도 했다. 학교에서 배우는 일관적인 형태의 음악 수업을 벗어나 외부에서 초청된 다양한 선생님들의 특강을 듣는 자리도 마련되어 있어 살아 있는 교육을 받는다는 느낌이었다.

　　단체에 들어간 근 이유 중 하나는 외국에 나가는 기회를 제공한디는 것이었다. 결국 그 약속이 지켜지지는 않았지만 그 이상의 기회를 얻었다는 생각이 든다. 원래 성격상 한 가지 일에만 몰두하는 편이 아니어서 악기 외에도 무대, 조명, 음향 등 여러 분야에 관심이 많았는데 예술단의 뮤지컬에서 주연을 맡기도 하는 등 이런 경험들을 모두 할 수 있었기 때문이다.

뮤지컬은 배우와 연출이 함께 모여 대본 읽기부터 동선 처리 등 모든 것을 연습하는데, 이 과정 속에서 조명이나 음향을 어떻게 할 것인지를 조정하게 된다. 당시 국악이 전공이었던 내 입장에서는 직접적인 관련은 없었지만 악기 말고 기획이나 무대 전반에 대한 미래를 구상하고 있었기 때문에 유심히 그리고 신기하게 그 과정들을 살펴보았다.

지금 생각하면 고등학교 때의 예술단 활동은 미래의 내 꿈을 위한 초석이었다고 해도 과하지 않다. 공연 전반에 대한 호기심을 갖게 되었고, 다양한 공연 경험은 이후에 무대에 서는 입장에서 그리고 무대를 이끌고 만드는 입장에서 봐도 충분히 좋은 경험이었다고 생각한다. 좋은 기회를 잡았기에 좋은 경험을 했고, 더 많이 경험하고 많은 것들을 습득하기 위해 발버둥 쳤기에 학교 안의 일관적인 교육이 아닌 우물 밖의 것들을 볼 수 있는 계기가 된 것이다.

내 꿈은 예술단 활동을 통해 좀 더 뚜렷해졌는데, 사회에 나가 어떤 자리에 있으면서 어떤 역할을 해야 하는지 구체적으로 알 수 있었다. 이런 일도 있었다. 한참 공연 기획자에 대해 관심이 있던 때였는데, 순회 공연을 다니면서 처음으로 몇 백 석 되는 공연장에서 공연할 기회가 생겼지만 기획자의 홍보 미숙으로 30명 정도밖에 관객이 들지 않았다. 다들 얼마나 허무해 하던지. 그때 기획자가 홍보에 미숙하면 관객이 들지 않고, 관객이 없으면 공연을 만드는 사람들이 얼마나 사기가 떨어지게 되는지를 눈앞에서 느낄 수 있었다. 이런 살아 있는 경험들은 예술단 활동을 하지 않았으면 몰랐을 것들이다. 쭉 우물 안 개구리처럼 악기만 타며 학교라는 틀 안에서만 고등학교 시절을 보냈을 지도 모른다.

다양한 경험을 통해 꿈에 대해 한 번 더 생각할 수 있는 활동은 분명히 나를 환기시키는 좋은 기회이자 지금 내가 살아가는 환경 밖의, 즉 우물 밖의 상황을 알 수 있는 좋은 기회가 될 것이다. 김재훈

09.

학과 홈페이지에 길이 있다

멘티의 대학 입학 자기소개서를 봐주다가 깜짝 놀란 적이 있었다. 소비자학과에 지원하고자 하는 학생이었는데, 소비자학과에 대한 이해가 전혀 없었기 때문이다. 정확히는 소비자학과에 대해 완전히 잘못 이해하고 있었다. 소비자학과는 경제에 참여하는 여러 주체 중 소비자의 관점에서 경제 현상을 바라보고 소비자들이 합리적인 선택을 할 수 있도록 연구하는 학문이다. 그런데 그 멘티가 자기소개서에 쓴 내용은 경제 활동에서 소비자와 정반대의 역할을 하는 사업자의 입장이었다. 사업자는 어떻게 하면 최소비용으로 최대효과를 낼 수 있을지, 상품을 어떻게 팔아야 더 잘 팔 수 있을지 등에 대해 고민하는 주체이다. 따라서 사업자에 대한 이야기를 쓰는 것은 소비자학과의 연구 목적과 부합되지 않는다. 이 경험을 통해 학생들이 생각보다 자신이 지원하고자 하는 학과에 대해 깊게 이해하지 못하고 겉핥기식으로만 파악하고 있다는 사실을 깨닫게 되었다.

자신이 지원하고자 하는 학과에 대해 제대로 이해하지 못한 학생이 적지 않을 것이라 생각한다. 학과 이름만 보고 대략적으로 추측하는 경우가 많다. '경영학과니까 경영에 대해서 배우겠지, 국어교육과니까 국어를 가르치는 것에 대해서 배우겠지.' 같은 막연한 이해를 하고 있을 뿐이다. 물론 경제학과처럼 이름부터 '경제학'을 배우는 학과라고 곧바로 알 수 있는 과도 있으나 이런 경우에도 좀 더 심층적인 이해가 필요하다고 말하고 싶다. 경제학이라는 학문에도 미시경제학, 거시경제학 같은 큰 분류가 있고 수많은 이론들이 존재한다.

학과를 제대로 이해했다는 것은 각 학과에서 배우고 있는 내용들에 대해 정확히 이해하고 있다는 말과 같다. 물론 아직 제대로 접해보지 않은 중·고등학생이 대학에서 배우는 강의 이름들만 보고 학과에 대해 이해하는 것은 쉽지 않다. 그럴 때는 각 학교의 각 학과 홈페이지에 들어가면 더 잘 이해할 수 있다. 각 학과의 홈페이지에는 학과의 학문 목표가 제시되어 있고 그를 위해 학생들에게 어떤 강의를 제공하는지에 대해 상세히 정리되어 있다.

학과에 대한 이해도가 높아졌다면 그 후에는 직접 학과와 관련된 활동들을 해보는 것이 도움이 된다. 글로 이해한 것과 실제로 행동으로 옮겨보는 것은 큰 차이가 있기 때문이다. 또 사신이 잘할 수 있으리라 믿었던 것이 실제로는 개인적 특성이나 가치관 등으로 인해 불편하거나 제대로 해내지 못하는 경우도 있다.

가령 교대나 사범대에 진학하고자 하는 학생들 중 막연하게 선생님이 되고 싶다거나 부모님의 권유로 선생님의 꿈을 가지게 된 학생들이 있다. 이들 중에는 선생님이 어떤 존재인지, 어떤 어려움을 겪는지, 자신의 개인적 특성이나 가치관에 부합한지에 대해 깊은 고민을 거치지 않은 사람도 있다. 이런 친구들은 교사에 대한 이해도를 더 높이기 위해 교내에 교육봉사동아리에 참여하거나 비슷한 동아리를 결성하여서 예비 교사로서의 체험을 해보는 것이 좋다. 물론 수십 명의 학생들을 관리하고 가르쳐야 하는 실제 교사들의 경험과는 많은 차이가 있겠지만, 어려움을 느낄 수 있는 부분은 대동소이하다. 그 과정에서 극단적인 경우이긴 하지만 자신이 많은 사람들 앞에서 무언가를 말하는 것에 대해 공포심이 있다는 것을 깨달을 수도 있고, 아직 미성숙한 아이들을 통제하는 데 어려움을 느끼고 극도의 스트레스를 받을 수도 있다는 것을 깨달을 수도 있다. 이러한 것들은 실제로 겪어보지 않고서는 모르는 문제다. 만약 이러한 문제들을 실제로 아이들 앞에 선 후에야 발견한다면 이러지도 저러지도 못하는 상황에 처하게 될 것이다.

학과와 관련된 직접적인 활동을 하기 어렵다면, 이미 자신이 가고자 하는 학과에 진학한 선배들의 이야기나 관심 있는 직업에 진출한 선배들의 이야기를 들어보는 것도 도움이 된다. 위에서 예시를 든 것처럼 교사의 경우에 스스로 해보는 활동이 보다 도움이 되겠지만, 그렇지 못한 경우에는 이미 교사로 활동하고 있는 분들의 이야기를 들어보아야 한다.

내 경우에도 관심 있는 직업에 종사하고 있는 선배들의 말을 들으면서 미처 몰랐던 부분을 알게 되고 그 직업을 포기한 적이 있다. 바로 마케터라는 직업인데, 만들어진 상품을 브랜드화시키고 효과적인 광고를 통해 경쟁 상품들보다 잘 팔릴 수 있도록 기획하고 시행하는 일을 하는 직업이다. 창의적인 아이디어 발상을 필요로 하고, 다른 일보다 상대적으로 주체적인 일을 할 수 있다는 매력 때문에 흥미를 가지고 있었다. 그러나 실제로 마케터로 활동하고 있는 분들의 이야기를 듣고 금세 흥미를 잃어버렸다.

내가 직업을 선택할 때 고려하는 큰 가치 중에 하나가 가족들과 보낼 수 있는 여가 시간이다. 그런데 실제로 마케터로 활동하고 있는 분들의 공통적인 이야기가 하나의 프로젝트가 주어지면 며칠이고 밤을 새야 한다는 것이었다. 자신의 아이가 걷는 것을 일주일이나 지나고 나서야 처음 보게 되었다는 한 분의 이야기는 나에게 충격이었다. 아무리 재미있는 일이라 할지라도 내가 소중하게 생각하는 가치를 방해하는 것을 직업으로 삼기는 어렵다.

이처럼 환상 속의 모습과 현실은 다를 수 있다. 겉으로 보기에 멋있는 일, 재밌어 보이는 일이 자신이 소중하게 생각하는 가치들을 충족시키지 못하는 일일 수도 있으니 반드시 그 분야에서 종사하는 분들의 이야기를 들어보길 바란다. 이러한 체험이 바탕이 되면 자신이 진학하고자 하는 학과에 대해 확신을 가질 수 있다. 또한 자신의 꿈에 대해 더 진지하게 고민하는 계기가 될 수도 있다. **심규승인**

10

전공 교수님을 공략하는 방법

　학과에 대한 정보를 찾아보는 기준은 두 가지가 있다. 첫째로 그 학과에서 배우는 지식이 무엇이며 그것이 어떻게 응용되는지 알아보는 것이다. 둘째는 그 학과의 교과과정, 관련 분야 및 진로 등 학과 자체에 대한 정보를 탐색하는 것이다. 여러분이 학과 관련 서적을 찾아본다고 할 때, 후자에 대해 더 알고 싶은 것이라면 책보다는 사람을 찾는 것이 정답이다.

　실제로 그 학과에서 무엇을 배우고 그 배움을 어떻게 적용시키며 진로가 어떻게 되는지 등의 실질적인 정보를 얻으려면 인터넷 검색 정보, 문헌 정보로는 부족하다. 인터넷 검색 정보는 출처가 불분명하기 때문에 신뢰하기 어렵고, 서적이나 기사 등의 문헌 정보는 비교적 오래된 정보일 가능성이 높기 때문이다. 가장 실질적인 정보는 그 현장에 몸을 담고 있는 사람, 즉 해당 학과에서 공부하는 3학년 이상의 학부생 혹은 대학원생에게서 얻을 수 있다. 혹은 해당 학과에 재직 중인 교수님과 연락하여 면담을 하는 것도 좋을 것이다. 그러나 불쑥 연락을 드리는 것보다는 학과 홈페이지에서 알 수 있는 이메일 주소로 먼저 정중하게 면담요청을 하거나 아니면 이메일을 통해 면담을 시도해보는 것이 좋을 것이다.

학과 자체에 대한 정보가 아닌, 해당 학과에서 무엇을 배우고 그것이 어떻게 응용되는지 알아보려면 관련 교양서적을 읽는 것이 가장 좋다. 그중에서도 해당 학과의 교수님이 쓰신 전공 관련 교양서적을 읽는 것이 도움이 된다. 왜냐하면 이러한 책들은 비전공 일반인들이 읽기에도 쉬우면서 해당 학과에서 배우는 지식이나 기술이 실생활에서 어떻게 응용되고 있는지 많은 사례들을 보여주기 때문이다. 오히려 전공 서적이나 학술 저널을 읽는 것은 크게 도움이 되지 않는다. 전공 서적과 학술 저널에는 대학 수준 이상의 어려운 용어로 온갖 지식들이 나열되어 있다. 이해하기도 힘들뿐더러 아무도 여러분에게 그것을 미리 알라고 요구하지 않으므로 굳이 그런 서적들을 힘들게 읽을 필요는 없는 것이다.

나중에 수시 면접을 볼 때 면접관으로 들어오실 교수님들께서 여러분에게 질문할 것이다. 대학마다 학과마다 다소 다를 수 있겠지만 보통 면접에서 묻는 질문의 내용은 여러분이 그 학과에 들어올 준비가 되어 있는지 판단하기 위함이지, 그 학과에서 실제로 배우는 지식을 많이 알고 있는지 판단하기 위한 것이 아니다. 여기서 말하는 준비란, 여러분이 해당 학과에서 배우는 것을 제대로 이해하고 파악할 수 있는 기본적인 사고능력이 있는지, 해당 학과에서 추구하는 학문의 정신에 대해 잘 알고 있고 동의하고 있는지 그리고 해당 학과에서 배우는 지식이 어떻게 응용되며 이러한 지식을 통해 사회에 공헌할 수 있는 바에 대해 충분히 고민했는지를 의미한다. 그리고 이러한 생각을 갖추려면 전공 관련 서적을 읽으면서 해당 학과에서 배우는 지식과 그것이 어떻게 응용되는지를 아는 것뿐만 아니라 그 서적을 쓰신 교수님의 시각과 가치관을 파악해야 한다.

사실 교양서적의 내용은 사실의 전달인 경우가 많다. 말 그대로 'A는 이러한 것이다, 이러한 현상에서 B가 나타난다.'는 식으로 사실들의 나열일 뿐이다. 따라서 학문의 정신을 파악할 수 있는 논쟁적 주제가 포함되지 않을 가능성이 높다. 그렇기 때문에 교수님의 시각, 더 나아가 학문 자체가 지닌 가치관과 시각을 알려면 교양서적을 읽는 것만으로는 불완전하므로 교수님이 쓰신 다른 '글'을 찾아보아야 한다. 나는 그것이 신문이나 잡지의 '칼럼'이라고 생각한다.

신문이나 잡지에 수록되는 칼럼은 사실 관계를 기술하는 기사와는 달리 보통 하나의 이슈나 주제에 대해서 작성자의 시각이나 비판적 의견이 들어가는 경우가 많다. 따라서 해당 전공의 마스터인 교수님들이 사회 현상을 바라보는 시각 및 비판적인 의견은 그 전공이 가진 철학과 가치관을 닮은 경우가 많아 반드시 읽어보길 권한다.

소비자학을 예로 들어보자면, 소비자학은 '소비'라는 사회 현상을 주제로 하고 있는 만큼 교수님들께서 쓰신 신문이나 잡지의 칼럼들도 많은 편이다. 칼럼을 읽어보면 요즘 이슈가 되고 있는 소비현상들을 주제로 그것이 개인 소비자 및 기업에게 어떠한 영향을 미칠 수 있는지, 왜 사회적 문제로서 심각한 것인지, 문제의 해결방법으로 제시할 수 있는 것은 무엇인지 등 교수님의 다양한 생각들을 파악할 수 있다.

예를 들어 나는 청소년 동조 소비-자기 의사와 상관없이 남이 소비하는 것을 따라 자기도 소비하는 것-에 대해서 마냥 부정적인 시각만 가지고 있었는데 동조 소비가 가지고 있는 긍정적 측면을 짚어주는 교수님의 칼럼을 읽으면서 동조 소비현상에 대한 시각이 확장되었다. 이 경험을 통해 소비 현상에 대해서 함부로 가치 판단하지 않고 최대한 중립적인 자세를 가져야 한다는 것을 깨달을 수 있었다.

어떤 때는 교수님에 따라 문제를 바라보는 시각이나 제시하는 대안이 다를 수도 있다. 어떤 교수님은 기업이 지닌 유통 구조에서 발생한 구조적 문제라고 지적하고 어떤 교수님은 법적, 제도적 장치의 미비 때문이라고 지적하기도 한다. 여러분이 만약 소비자학과 지망생이라면 소비자학을 전공하는 여러 명의 교수님들이 쓰신 칼럼을 동시에 읽어보면서 같은 문제를 접하는 여러 가지 다양한 시각을 알 수 있게 될 것이다. 대학 전공 수업을 들으면서도 깨달을 수 없는 것들을 신문과 잡지 칼럼, 그리고 교수님께서 쓰신 책을 탐독하면서 미리 깨달을 수 있는 것이다.

단순히 서적과 칼럼을 찾아서 읽는 것보다 더 중요한 것은, 그것들을 읽으면서 스스로 질문을 던지고 답을 해보는 경험을 반복하는 것이다. 글 안에서 제시된 A라는 현상에 대해서 나는 글쓴이의 생각에 동의하는지 동의하지 않는지, 비판적 의견을 가지고 있다면 그 이유는 무엇인지, 새로운 문제해결방법은 없는지 등 면접관이 자신에게 질문을 던진다고 생각하고 그것에 대한 답안을 짧게라도 기록하는 습관을 가져야 한다. 그 기록들이 바로 여러분이 면접장에 가지고 갈 면접 준비 노트의 역할을 하기 때문이다.

실제 면접에서 조금 다른 질문들이 나오더라도 면접의 존재 의미는 여러분에게 정확한 정답을 요구하는 것이 아니라 해당 전공을 공부할 사고능력을 갖추고 해당 학과의 학문적 정신에 대해 잘 파악하고 동의하는지를 알아보기 위한 것이기 때문에 여러분이 기록해온 자신만의 비판적 생각과 가치관을 전달한다면 충분히 여러분은 '준비된' 사람으로서 면접관들에게 각인될 것이다. 게다가 여러분이 읽었던 교수님들의 칼럼과 서적의 내용을 언급한다면 면접관인 교수님들께서 더욱 인상적으로 여러분을 기억하지 않을까? 조은빛인

온라인 서점의 정보를 적극 활용하라

너무 어려운 학술서적보다 기본 개념서, 해당 분야의 기초적인 배경 지식을 쌓거나 흥미를 불러일으킬 수 있는 교양서적을 찾고 있는 친구들을 위해 가장 기본적인 방법을 소개하고자 한다. 바로 온라인 서점 홈페이지를 이용하는 것이다.

대표적인 온라인 서점이 몇 개 있다. 포털 사이트에서 검색하면 여러 개가 나오니 굳이 여기서 이야기하지는 않겠다. 메인 화면에 보면 카테고리를 설정해 들어갈 수 있는데, 관심 있는 세부 분야를 고르려면 하위 카테고리를 한 번 더 살펴보아야 한다.

카테고리 내에서는 기본적으로 신간서적이나 꾸준히 잘 팔리는 책, 한창 이벤트 진행 중인 책, 도서와 관련해 유명한 단체에서 선정한 책들이 메인 화면에 잘 나와 있다. 원한다면 누적 판매량이 높은 순이라든가 가격에 따라서 정렬하여 볼 수도 있다.

어떤 책을 선택하면 그와 관련된 정보가 상당히 많이 제시된다. 나

같은 경우에는 저자 소개를 항상 확인한다. 어느 분야의 전문가인지, 어떤 길을 걸어왔고 대략 어떤 시각을 가지고 있는지 살펴보는 것이다. 외국인 저자라면 우리나라에 얼마나 많은 그의 책들이 번역되어 있는지도 살펴본다. 저술한 책이 많이 번역된다는 것은 출판사가 그의 책이 잘 팔릴 것이라고 인정하는 셈이고, 한국의 독자들이 그 작가를 꽤나 신뢰한다는 뜻이다.

그 후 목차를 확인한다. 본인이 흥미 있을 만한 이야기들을 다루고 있는지 살펴보아야 한다. 아무리 유명한 작가라도, 목차 구성을 보면서 읽고 싶은 생각이 들지 않으면 우선순위에서 제쳐둔다. 이것이 바람직한 이유는 흥미로운 책을 읽어야만 더 풍부한 생각을 할 수 있고, 동시에 끝까지 책을 손에서 놓지 않는 원동력이 되기 때문이다.

마지막으로 독자 리뷰를 살핀다. 리뷰의 개수가 많을수록 많은 사람들이 관심을 가지고 이 책을 보았다는 뜻이며 조금 더 신뢰할 수 있는 하나의 기준이 된다. 특정 사이트의 경우 매주 10편의 우수 리뷰를 선정하여 상품권을 증정하는 방식으로 높은 품질의 독자 리뷰를 확보하고 있다. 리뷰를 살펴보면 이 책을 읽을 때 사람들이 어떤 생각을 했는지 알 수 있을 뿐만 아니라 책을 바라보는 여러 가지 관점을 사전에 익히고 다각적으로 바라볼 수 있다. 책을 이해하기 쉬운 측면도 있고 현실 상황과 어떤 관계가 있을지 고민할 기회를 줄 수도 있다. 하단에는 이 책을 구매한 사람들이 또 어떤 책에 관심을 보였는지 연동되어 있어 참고하기 좋다.

나에게 흥미로웠던 책

내가 이렇게 발견한 책은 「컬처코드」이다. 사실 전에도 책 이름은 들어본 적이 있었는데 읽어볼 생각을 하지 못하다가 온라인 서점 포털 사이트에서 발견했다. 이 책은 2007년에 제5회 올해의 책 후보 도서로 선정되었다. 저자인 클로테르 라파이유는 정신분석학자로 유명하지만 문화인류학자이면서 많은 기업들의 CEO가 존경하는 마케팅 구루이기도 하다. 문화가 만들어지게 된 원형과 소비자들의 행동을 분석하여 많은 기업들에 컨설팅을 제공해왔다. 이 저자의 책이 많이 번역된 것은 아니지만 인류학 박사인 그가 마케팅과 관련된 하나의 해법을 제시하는 사람이라는 점에서 이 책에 끌리기 시작했다!

'컬처코드'란 어떤 문화에 속해 있는 사람들이 특정한 대상에 부여하는 무의식적인 의미라고 할 수 있다. 주로 눈에 띄었던 목차는 내가 평소에 관심이 많았던 '아름다움과 비만에 관한 코드, 직업과 돈에 대한 코드, 쇼핑과 사치품에 대한 코드' 등이었다. 흥미로운 주제가 보여 눈에 불을 켜고 리뷰를 살펴보았다.

　이 책을 읽은 사람들은 왜 같은 브랜드의 상품을 국가별로 다르게 마케팅해야 하는지, 우리 스스로의 행동 속에는 어떤 컬처코드가 숨어 있는지, 여기에서 배운 것을 어떻게 실생활에 적용해볼 수 있을지 등에 대해 고민하고 있었다. 경영학과 인류학을 동시에 공부하고 싶은 나에게는 확실히 구미가 당길 만한 책이었다고 판단해 바로 도서관으로 달려갔다.

　사실 대학 수업과 관련된 전문 카테고리에 들어가면 대학에서 사용하는 교과서도 살펴볼 수 있지만 교과서를 보고 해당 전공에 흥미를 느끼기는 쉽지 않을 것이다. 두껍고 무겁고 이해하기 어렵다. 어떤 전공을 선택할지 몰라 다양하게 탐색해보고자 한다면 위의 방법을 추천한다.

PART 5

전공과 직업,
비슷한 듯 다른 관계

01

전공 선택이 무거운 이유

대학, 학과, 직업, 진로……. 이런 단어들을 들으면 참 막막해진다. 중·고등학생만 그런 것은 아니다. 대학생도 그렇다. 이미 학과를 선택한 대학생조차도 앞으로 어떤 일을 할지, 어떤 직업을 가질지 끊임없이 고민한다. 그리고 이전에 내렸던 선택과 다른 선택을 내리기도 한다. 그결과 대학 때 공부한 학문과는 전혀 상관없는 진로를 선택하여 살아가고 있는 사람이 많다. 이런 상황을 풍자하여 한 웹툰에서는 다양한 전공의 사람이 전부 회사원이 되는 한국은 '융복합 강국'이라고 하기도 했었다. 이런 현상이 좋든 나쁘든 분명한 것은 대학 진학 때의 선택이 인생을 결정한다고 볼 수는 없다는 것이다.

하지만 그렇다고 대학과 학과를 가볍게 선택할 수 있는 것은 아니다. 인생을 살아가면서 내리는 몇 번 되지 않는 이 큰 선택을 다 뒤집고 다른 길을 가려면 아주 많이 돌아가야 하기 때문이다. 즉, 어떤 선택을 되돌리기 위해 필요한 많은 것들의 무게는 정말 만만치가 않다. 그래서 만약 학과와 직업이 연결되지 않는 경우라면 얼마나 어떻게 돌아가야 하는지를 미리 생각하고 눈앞의 선택을 신중하게, 하나하나 무겁게 했으면 좋겠다.

고등학생으로서 입시를 앞두면 학교를 높일지 아니면 가고 싶은 학과를 선택할지 딜레마에 많이 빠진다. 이때 주변에서 흔히 받는 조언은 일단 학교를 높이고, 가고 싶은 학과는 복수전공으로 하면 된다는 것이다. 솔직히 타당성 있는 조언이라고 생각한다. 어쩔 수 없이 존재하는 학벌주의 사회에서 학교를 높이는 동시에 복수전공을 통해 원하는 학과의 공부도 한다면 일석이조라고 할 수 있기 때문이다. 하지만 단순히 '복수전공을 하면 되지.'라는 가벼운 생각을 가지고 있다면 선택을 내리기 전 두 가지만은 유념했으면 좋겠다.

첫 번째는 복수전공이 뜻대로만 되지는 않는다는 점이다. 대부분의 대학은 모든 학생들이 자유롭게 어떤 학과든 복수전공으로 선택할 수 있도록 허용하고 있지 않다. 즉, 어떤 조건을 충족해야 한다는 것이다. 학점이 될 수도 있고, 따로 면접을 보게 될 수도 있다. 때로는 아예 허용하지 않아 불가능한 경우도 있다. 혹은 어떤 대학은 복수전공 신청은 가능하지만 수업을 들을 때 주전공생들과 차별을 두거나 정원이 찰 경우 수강신청 취소의 압박을 받기도 한다고 한다. 이 정도까지는 아니어도 공부하는 데 있어 선후배 등 사람을 통해 구할 수밖에 없는 자료에 제한이 있는 등 아무래도 어려움이 있기 마련이다. 그뿐만 아니라 주전공과 비교하면 졸업 후 영향력이 작은 것도 사실이다.

두 번째는 본래 선택한 주전공과 더불어 수업을 들어야 하기 때문에 두 학과의 학업을 동시에 진행해야 하는 부담이 있다는 것이다. 더 많은 과목을 들어야 하기 때문에 졸업이 늦어진다거나 매 학기를 더 바쁘게 보내야 한다. 단순히 '한다'는 두 글자로 표현되지 않는, 정말 많은 해야만 할 것들이 존재한다.

이런 사실들을 염두에 두고도 학교를 높이기 위해 원하는 학과를 선택하지 않고 복수전공을 하는 결정을 내릴 수는 있다. 또는 대학에 가보니 생각하던 것과 선택한 학과에서 요구하는 적성이 달라 다른 진로를 고민하며 복수전공을 할 수도 있다. 하지만 알고 선택하는 것과 모르고 선택하는 것에는 큰 차이가 있다. 알고 선택한다면 내 선택에 대해 마음의 준비를 하고 보다 꼼꼼하게 미래를 대비할 수 있다. 그래서 후회도 적고, 이미 내린 선택이 무엇이든 꿈을 열심히 이루어나갈 수 있다.

경영학과를 희망했던 한 학생이 있다고 가정해보자. 그 학생은 경영학과를 희망했지만 학교를 더 높이기 위해 다른 과에 진학했다. 그 선택의 무게는 예상하지 못한 상황이다. 대학에 들어왔다는 설렘에 대학 친구들, 선후배들과 재미있게 놀며 학기를 보낸다. 동아리도 해보고 안 해본 봉사활동도 한다. 그렇게 여러 경험을 하며 생활하는 것이 너무 재미있다 보니 공부는 고등학교 때만큼 우선순위가 아니었다. 그러나 복수전공을 하려면 좋은 학점이 필요하다.

이런 상황은 단순히 우스운 에피소드가 아니다. 충분히 일어날 수 있는 일이다. 그렇기 때문에 선택의 무게를 느껴야 한다. 스스로 내린 선택이 어떤 것이었는지, 그 결과가 무엇인지, 그 선택이 생각하는 진로에 어떻게 영향을 미치는지, 긍정적인 영향을 미친다면 어떻게 발전시켜야 하는지, 부정적인 영향을 미친다면 어떻게 극복해야 하는지 등 일단 선택하면 다 끝나는 것이 아니라 그 무게를 느끼고 책임을 져야 한다.

많은 사람들은 학과와 직업이 일치하지 않는 삶을 살고 있다. 나는 그것을 선택을 잘못했다고 비난하고 싶은 마음도 없고, 비난할 수도 없다고 생각한다. 오히려 그 선택에 책임을 지고 산다는 것에 박수를 치고 싶다. 하지만 아직 선택을 내리지 않은 이들이라면 어떤 선택을 했을 때 감당해야 하는 무게의 크기를 알려주고 싶다. 돌고 돌아 꿈을 찾아갈 수는 있지만 돌아가는 만큼 많이 힘들다는 사실을 알려주고 싶다. 나중에 다시 하면 된다는 생각으로 눈앞의 선택을 가볍게 넘겨버려서는 안 된다는 것을 알려주고 싶다. 진심으로 신중히 그 무게를 느끼며 선택의 순간을 맞이하기를 바란다. **미리안**

02.
전공 선택에 쓰는 시간을 아끼지 말아라

학과 선택에 많은 시간을 쓸수록
인생을 낭비하는 시간이 줄어든다

얼마 전 고등학생들의 학과 선택 시기에 대한 설문조사 결과를 보았다. 대부분의 학생이 수시 원서를 쓰기 바로 직전에 학과를 선택했고, 수능으로 가는 친구들은 수능 성적이 나온 후에 결정한다고 한다. 이 사실이 놀라운가? 그렇지 않을 거라 생각한다. 지금 이 글을 읽고 있는 그대들도 어느 학과에 갈 것인지에 대해 미리 생각해보지 않았을 것이다.

나 역시 그랬다. 그냥 '공부'나 잘하면 된다라는 이야기를 들으며 학창시절을 보냈기 때문에 수시 원서를 쓸 무렵이 돼서야 어떤 과를 가야 할지에 대한 고민을 했던 것 같다. 어떤 길을 걸어보고 싶다는 생각을 해본 적이 거의 없었기 때문에 당시의 내가 할 수 있는 거라곤 내 성적에 맞춰 갈 수 있는 곳이 어딘지를 알아보고 추천받는 것뿐이었다. 나의 '전공', 즉 살아가면서 내 전문 영역이 될 것을 내 선택이 아닌 사회의 기준, 나의 점수, 남의 선택으로 결정했을 때 그 결과는 'Welcome to Hell!'이었다.

솔직히 말하자면 난 전공이 그렇게 중요하진 않다고 생각했었다. 대학에 들어가기만 하면 학과를 바꿀 수 있는 전과와 두 개의 전공을 동시에 할 수 있는 복수전공이라는 것이 있다는 것, 또 대부분의 사회인들이 자기 전공을 살리지 못하고 살아간다는 얘기를 많이 접했었기 때문에 전공이 내 인생에 큰 부분을 차지하진 않을 거라고 어린 나이에 '가당찮은' 확신을 했었다. 그러나 대학에서 10년 동안 공부하고 사회에 발을 내딛었을 때 이 생각이 '확실하게' 틀렸다는 것을 절실히 깨달았다. 복수전공과 전과라는 것이 '또 다른 입시'라고 부를 정도로 경쟁이 치열하고 힘들다는 것도 미리 알았어야 했다.

대학은 보통 4년을 다니면 졸업할 수 있지만 10년이나 대학을 다닌 이유 역시 내 선택에 내가 주체적이지 않았고 나를 몰랐기 때문이 아닐까 싶다. 나는 동물생명공학을 전공했는데 점수에 맞춰 대학에 들어왔고, 뭘 공부하는 학과인지도 잘 몰랐다. 아무것도 몰랐기 때문에 처음 전공수업을 듣고 난 후 충격에 빠졌다. 생각하던 것과 전혀 달랐고 내 인생을 통해 앞으로 이 전공을 살려나갈 자신이 없었다. 학창시절에도 좋아하는 과목은 더 공부하게 되고 아닌 과목은 시간을 덜 쓰게 되는데, 대학 4년이라는 긴 시간을 몰입할 수 없는 분야를 공부하는 데 쏟아야 했던 것이다. 깊게 들어갈수록 이 분야가 인간생활에 가장 중요한 '食(식)'을 책임지고 있을 뿐만 아니라 Bio Technology가 미래를 이끌어갈 중요한 분야라는 것은 알 수 있었지만 학문 자체에 흥미가 떨어지다 보니 자연히 공부를 멀리하게 되었다. 그뿐만 아니라 다른 재미있는 것을 찾아 방황하는 내 모습을 발견하게 되었다.

고등학교 때 어떤 전공을 가져야 내가 적성을 살리면서 재미있는 대학생활을 할 수 있을 것인가에 대한 고민을 조금이라도 했더라면 '시간낭비'를 하지 않아도 됐을 것이다. 잘 맞지 않는 전공 공부를 하는 데 쓴 시간을 말하는 것이 아니라 내 인생진로에 대해 생각하고 모든 시간을 할애할 수 있는 귀중한 시간을 방황하느라 낭비한 것을 말한다.

적어도 대학생활의 절반은 '전공' 공부이다. 물론 아닌 사람도 있겠지만 일정 수준 이상의 전문성을 가지려면 절반 이상의 시간은 투자해야 한다. 그 많은 시간과 노력을 흥미도 없는 분야에 투자해야 한다고 생각해보자. 어떨 것 같은가? 버리는 시간이라고 생각할 것이고 공부를 하면서도 집중하지 못할 것이다. 실제로 나도 그랬으니까. 그러나 미리 고민하고 선택했다면 내가 즐거워하는 학문을 하면서 대학생활도 할 수 있으니 얼마나 큰 이득인가?

부끄럽지만 내가 잘할 수 있고 재미있는 것을 찾기 위해 다양한 활동을 했고, 그것이 즐거워서 대학을 10년이나 다녔다고 할 수도 있을 것 같다. 되돌아보면 내가 지금 나일 수 있고 소중한 사람들을 만날 수 있었던 것은 나의 모든 선택들이 합쳐진 결과였다. 지금 후회하진 않지만 그동안 방황했던 시간들을 생각해보면 아직 선택할 여유가 있는 그대들은 나 같은 실수를 하지 않기를 바란다.

그리고 취업 문제, 지금은 와 닿지 않겠지만 고등학교를 졸업하고 4~6년 후에는 현실이 된다. 전공을 살리는 사람이 많지 않다고 해서 전공이 취업에서 중요하지 않은 것은 아니다. 취업 '전선'에서 전공은 가장 중요한 요소이다. 왜 전선이란 말을 쓸까? 취업은 전쟁이기 때문이다. 다양한 기준을 가지고 사람을 뽑는다고 하지만 대부분 학사 졸업자들은 전문성이 없다고 생각하기 때문에 뽑고자 하는 분야에 조금이라도 지식을 가지고 있는 사람을 뽑는다. 전공 때문에 가고 싶어도 서류조차 쓰지 못하는 기업도 많고 서류에서 떨어지는 경우가 대다수이다. 학창시절에 나에 대해서 조금만 더 고민해보고 '나'의 결정으로 학과를 선택했다면 이 모든 시행착오를 줄일 수 있었을 것이다.

학과 선택은 입시 직전에 약간의 시간을 들일 일이 아니다. 수능 점수, 내신, 면접, 논술 등 대학 입시를 준비하는 기간에는 신경 써야 할 것들이 너무 많고 시간은 부족하기 때문에, 정작 제일 중요한 자기 자신에 대해 고민할 시간은 아까울 정도다. 그러니 중학교나 고등학교 1, 2학년 때 나를 찾기 위한 여행을 하고 그것을 바탕으로 학과를 정하라고 말하고 싶다. 20대는 흔들리며 나 자신을 찾아가는 시간이라고 하지만 그 고민을 일찍 할수록 후회 없이 오로지 자신만을 위해 걸어갈 수 있는 시간을 벌 수 있다.

학과 선택은 원서를 넣기 직전에 하는 것이 아니라 미리미리 해야 한다. 이건 진리다. 전창렬인

직업 선택 노하우, 그것이 알고 싶다

　나는 한때 과학자가 꿈이었다. 어려서부터 만드는 것을 좋아했고 흰색 가운을 입은 채 현미경으로 관찰하고 실험하는 것들에 대한 로망이 있었다. 또 수학, 과학이라면 누구보다도 자신이 있었기에 언제든 진로에 대한 질문을 받으면 꿈이 과학자라고 이야기했었다. 그러다 고등학교에 진학하고, 과학과 관련된 연구(R&E)를 해볼 기회가 있었다. 실제 과학자들이 하는 것처럼 학술 논문을 찾아보고, 연구를 하고, 논문을 쓰는 작업을 했다. 막상 연구 활동을 체험해 보니 생각보다 적성에 잘 맞지 않았다. 지금까지 과학자가 내 적성에 맞는 줄 알았고 다른 진로에 대해서는 생각조차 해보지 않았었기에 흔히 말하는 멘붕 상태에 빠졌다. 만약 내가 그때 연구 활동을 해보지 않았다면 어땠을까? 분명 후회했을 것이다. 그 후로 나는 과학자라는 진로를 과감히 버리고 직업에 대하여 진지하게 고민하게 되었다.

　'어떤 진로가 나와 맞을까?'

끊임없이 질문을 던졌지만 쉽게 답을 얻을 수는 없었다. 직업에 대해서 잘 알지 못했기 때문이다. 그래서 어느 순간부터는 고민만 하지 말고 일단 부딪쳐보자는 생각을 하게 되었다. 그리고 기회가 날 때마다 부딪쳤다. 쉽지는 않았지만 진로에 관해 나 자신과 맞는지 간접 경험을 해볼 수 있었고, 고민을 해결하려면 어떠한 진로든 직접 부딪쳐봐야 알 수 있다는 것을 배웠다.

대학 입시를 앞두고 어느 학과를 지원해야 할지 고민이 많았다. 몇 개 추리긴 했지만 확신을 가지고 선택하기가 쉽지 않았는데, 그 학과에서 무엇을 배우는지 졸업 후 어떤 진로를 걷게 될 것인지도 잘 몰랐기 때문이다. 그래도 어떻게든 결정해야 했기에 나는 이곳저곳의 교수님들께 메일을 보냈다. 나 자신을 소개한 후 학과와 진로에 대해 교수님의 이야기를 듣고 싶다는 내용의 메일이었다. 대부분 상황이 어렵다거나 안 된다는 답장만 받았고 때로는 아무 답이 없는 경우도 있었다. 메일을 몇 십 통을 보냈을까 드디어 제대로 된 답장이 왔다. 세계 최고 대학 중 하나인 미국 UC버클리의 교통공학과 교수인 Michael Cassidy라는 분께서 답장을 주신 것이다. 당시 해외 이공계 체험 활동으로 미국에 있었기 때문에 교수님을 직접 만날 수 있었다. 수학이라는 분야에 교통공학이라는 학문이 존재한다는 것을 알게 되었고, 어떤 비전을 갖고 실생활에 쓰일 수 있는지에 대해 친절히 이야기해주셨는데, 운 좋게도 그 교수님 연구실에 한국인 학생이 있어서 그 분의 통역으로 이해할 수 있었다. 이 경험으로 교통 공학에 대한 관심을 갖게 되었고, 이 모든 과정과 경험을 자기소개서에 그대로 기술해 서울대학교에 합격할 수 있었다고 생각한다. 결국 진로든, 직업 선택이든 직접 부딪쳐보고 경험하려는 노력만이 해답이다.

1. 무엇이든 경험해보자

책과 인터넷에서 찾을 수 있는 정보는 한계가 있다. 그것을 자기 자신에게 적용해보아야 한다. 예를 들어 스키를 직접 타는 것과 스키를 관람하는 것은 근본적으로 차이가 있다. 백문이 불여일견이라는 말도 있듯이 정말 다양한 경험을 해야 한다. 자신이 관심 없는 분야라도 좋다. 경험이야말로 관심 있는 분야가 실제로 나와 맞는지를 확인하는 가장 좋은 방법이다. 또한 여러 가지 경험을 통하여 여러분의 원하는 직업을 발견할 수도 있다. 따라서 자신이 관심 있는 분야뿐만 아니라 다양한 분야에 도전해보고 시도해보는 것이 좋다.

2. '어떻게'가 아닌 '왜'라고 묻자

직업을 선택하기 위해 가장 먼저 할 일은 '나'를 아는 것이다. 직업 선택이 어려운 이유는 자기탐색이 제대로 되어 있지 않기 때문이다. 자기탐색의 좋은 방법은 스스로에게 '왜'라고 묻는 것이다. '어떻게'라는 질문은 직업에 도달하는 방법을 알려주지만, '왜'라는 질문은 그 직업이 나에게 맞는지를 생각하게 한다. 그래서 직업을 선택할 때 왜라는 질문을 하는 것이 중요하다. 왜라는 질문은 질문하는 대상에 대해 깊은 생각을 하게 한다. '왜 내가 이 직업을 선택하고 싶은지, 왜 하필 이 직업에 대해 고민하고 있는지' 깊게 스스로에게 질문해보자. 깊은 생각을 통해 여러분이 원하는 답을 얻을 수 있다.

3. 꿈, 직업이라는 주제로 누군가와 이야기를 해보자

꿈에 관해서 누군가와 이야기를 직접 나눠보자. 때로는 스스로 고민해서 답을 얻을 수 없는 것들도 있다. 의식적으로 이렇다고 생각하던 것들이 남들과 이야기하다 보면 무의식적으로 다르게 나오기도 한다. 또 계속 고민하던 것들이 이야기를 하면서 자연스럽게 해결되는 경우도 있다. 누구든 상관없다. 가족, 친구, 선생님 누구든 여러분이 편하게 이야기할 수 있고 여러분의 이야기를 들어줄 수 있는 사람이면 된다. 누군가에게 상담을 요청하라는 것이 아니다. 그 주제를 가지고 이야기하는 것만으로도 도움이 될 것이다.

4. 여러 방향으로 가능성을 열어두자

직업 선택이란 결국 '각도 좁히기'라고 할 수 있다. 처음부터 어떤 직업을 선택할지 정하는 것은 힘들다. 자신이 관심 있는 쪽의 직업들을 알아보고, 경험해보면서 서서히 좁히고 좁히는 과정이 필요하다. 직업 세계는 정말 복잡하다. 매년 수많은 직업들이 새로 생기고 없어진다. 지금 선택한 직업의 비전이 10년 후에는 별거 아닌 것이 될 수도 있다. 그러니 아직 나이가 어리다면 지금 당장 확실한 직업 하나를 선택할 필요는 없다. 홍석일만

좋은(good) 직업 말고 잘 맞는(fit) 직업

　장래희망직업을 선택하기 전에 명심해야 할 것은 여러분의 직업에 대한 생각이 매년 매 시기마다 변할 수 있다는 것이다.

　솔직히 말하자면, 청소년 시기에 장래희망직업을 구체적으로 정하는 것은 큰 의미가 없다고 생각한다. 여러분이 현재 고등학생 나이까지 경험한 것들 중 학교 수업 이외에서 획득한 특별한 배움이 많다고 생각하는가? 내 경우 대학교 입학 후에 배운 학문적 지식, 사회적 경험, 여행, 봉사활동 그리고 여러 사람들로부터 얻은 대인관계에 대한 깨달음이 대학 입학 전보다 10배는 더 크고 깊었다. 따라서 제한된 생각의 폭에서 장래희망을 정해봤자 대학 입학 후 다양한 경험을 통해 깨달음을 얻고 나면 바뀔 가능성이 높다는 것을 미리 명심하길 바란다.

　시야각이 넓은 사람이 좁은 사람보다 볼 수 있는 사물이 많듯이, 경험의 지평이 넓은 사람은 자신에게 맞는 직업을 찾게 될 확률도 높다. 그렇기 때문에 청소년 시기에 장래희망직업을 확정하는 것보다 중요한 것은 기회를 잡기 위한 자격요건을 충족하는 것이라고 생각한다. 공부와 성적을 통해서 자신의 사고능력과 성실함을 입증한 사람은 더 쉽게 양질의 기회를 거머쥘 수 있다. 그러니 나중에 자신에게 정말로 잘 맞는 직업을 찾고 싶다면 먼저 높은 성적으로 자신의 사고능력과 성실성을 증명하면서, 자신에게 주어지는 기회를 적극적으로 활용하여 최대한 양질의 경험을 쌓아야 한다. 또 말로 듣고 글로 배운 직업에 대한 정보보다 더 신뢰할 수 있는 것이 스스로 직접 해본 경험이라는 것을 알아두었으면 한다. 내 경우 대학 입학 후에도 딱히 뚜렷하게 정한 장래희망직업이 없었기 때문에 막연히 졸업한 다음에는 일반 사기업에 취직해 돈을 벌 것이라고 생각했었다. 그러나 대학교 4학년 때 휴학을 하면서 겪었던 경험이 내 삶의 방향을 송두리째 바꾸어버렸다.

그 시기에 수개월 동안 모 대기업에서 인턴 활동을 하면서, 동시에 소비자학과의 모 연구실에서 연구 보조 활동을 병행했었다. 재미있고 생산적인 일을 기대했던 인턴 생활은 매일 반복되는 서류 작업과 회사의 기계적인 분위기 등으로 인해 스스로를 지치게 만들었다. 이와 반대로 지루할 것만 같았던 연구실 생활은 비록 말단 보조 연구원일 뿐이었지만 연구 주제도 재미있었고 생산적인 일을 하고 있다는 내적 만족과 친근한 연구실 분위기 덕분에 재미와 의미를 동시에 느낄 수 있었다. 내가 예상했던 회사 생활과 연구실 생활에 대한 생각이 실제 경험으로 인해서 완전히 뒤바뀐 것이다. 둘 다 뜻밖에 얻게 된 기회였지만 지금 뒤돌아보면 그 시기의 그 경험이 나의 미래를 결정하게 된 결정적 계기라고 말할 수 있을 것 같다.

실제로 경험해보기 전에 직업을 확정하는 것은 위험할 수 있다. 그래서 많은 대학생들이 사기업이나 공공기관에서 미리 인턴을 해보거나, 실제로 현장에서 종사하고 있는 직업인들과 면담을 한다. 그 직업이 가진 객관적인 직무 특성은 글로도 배울 수 있지만, 결국 그 특성이 개인의 가치관과 생활 패턴, 흥미나 적성 등에 잘 맞는지는 실제로 경험해보지 않으면 판단할 수 없기 때문이다.

이 글을 통해서 강조하고 싶은 '경험'의 중요성은 두 가지이다. 첫째는, 최대한 색다르고 다양한 경험을 해봐야 시야를 넓힐 수 있고, 시야가 넓어질수록 여러분에게 가장 잘 맞는 직업을 찾을 확률도 높아진다는 것이다. 단순히 내가 경험한 것과 관련된 직업을 찾게 된다는 뜻이 아니다. 예를 들어, 일본 여행을 하면서 일본어 강사가 되는 꿈을 떠올릴 수는 있다. 하지만 일본 여행에서 얻은 타국에 대한 문화충격, 그로 인해 자신이 가지고 있었던 고정관념과 가치관의 변화 등 좀 더 넓은 차원의 개념과 생각의 변화가 다음에 더 다양한 경험을 시도하고, 다양한 가능성에 도전할 수 있는 밑거름이 된다는 뜻이다.

경험의 중요성 중 두 번째는 선망하는 직업을 정했더라도 그 직업과 관련된 현장 경험이 있어야 실패를 방지할 수 있다는 것이다. 대학 졸업 전에 인턴처럼 예비 직업인으로서 직접 일을 해보거나, 아니면 현장에서 일하고 있는 전문가나 직업인, 선배들과의 면담을 통해 간접 경험을 해본 후에 여러분이 생각하고 있던 그 직업에 대한 환상이 철저히 부서질 수도 있다. 그래도 대학 졸업 전에 깨달았으면 다행이다. 졸업하고 그 직업을 갖게 된 후에는 나한테 잘 안 맞는다는 것을 깨닫게 되어도 계속 그 직업을 짐처럼 지고 살 가능성이 높기 때문이다. 이미 그 직업을 얻기 위해 투자한 시간과 돈이 아까워서라도 새출발을 할 엄두를 내지 못할 것이다. 직업 예비 경험은 여러분이 범할 수 있는 인생 최대의 실수를 미리 방지하는 큰 역할을 하기 때문에, 여러분은 꼭 '경험'을 해봐야 한다.

나 또한 대학생활을 경험을 채우는 것에 집중해서 살아왔고 아직 장래 직업에 대해 구체적으로 확정한 것은 없다. 아직 더 배워야 할 것이 많고 만날 사람들도 많고 그만큼 앞으로의 시야각이 더 넓어질 여지가 많기 때문이다. 나는 대학원에 들어가 학위를 더 높이고 전공에 대한 전문성을 좀 더 확보한 후 마주하게 될 더 좋은 기회를 기다리고 있다. 지금 당장 어떤 직업을 획득하기 위한 요구사항들을 채우기 위해 시간을 쓰기보다는, 여유를 가지고 현재 내가 잘하는 것에 집중적으로 투자하여 능력을 쌓는 것이 장기적으로 봤을 때 정답이라고 생각하기 때문이다. 그 이후에는 나에게 열릴 더 좋은 기회들 중에서 나의 가치관에 가장 부합하면서 내가 가장 잘할 수 있는 일을 선택하면 된다고 생각한다.

지금부터 이 세상에 어떤 직업이 있을까 탐색해보는 것도 나쁘지 않다고 생각한다. 하지만 본인의 경험으로 체득한 정보가 아니라면 여러분에게 직접 와 닿는 정보는 거의 없을 것이라고 본다. 여러분이 현재 가지고 있는 생각은 더 넓은 무대에서 더 많은 것을 보고 겪을수록 바뀔 가능성이 높다. 중요한 것은 그 경험을 하는 순간순간마다 어떤 배움을 스스로에게 남길지, 자신이 중요하게 생각하는 가치관이 무엇인지, 그 경험을 함께 하는 사람들과 어떠한 관계를 맺고 무엇을 베풀 것인지를 생각하고 행동하는 것이다. 그러한 깨달음이 쌓여 여러분 스스로 자신에게 가장 잘 맞는 좋은 직업이 무엇인지 알게 될 것이고 기회를 포착하게 될 것이다. 여러분은 능력과 자세를 갈고 닦고 있다가 준비된 상태에서 기회를 잡으면 된다. 조은빛인

05.

내 꿈의 높이는 내가 정한다

병 속의 벼룩 이야기를 들어보았는가? 벼룩은 몸길이가 대략 2~4mm밖에 되지 않는다. 하지만 이 작은 벼룩은 최대 20cm까지 뛸 수 있다고 한다. 그런데 이 벼룩을 잡아다가 유리병 안에 한참을 넣어 놓으면 신기한 일이 벌어진다. 처음에는 유리병이 있다는 사실을 자각하지 못하고 전처럼 높이 뛴다. 그러다가 유리병 뚜껑에 가로막혀 계속 부딪친다. 이 부딪침이 반복되면 나중에는 뚜껑에 부딪치지 않을 만큼만 뛴다고 한다. 병 높이보다 높이 뛰면 부딪친다는 것을 학습한 것이다. 그런데 신기한 것은 그 유리병을 벗어나도 그 유리병 높이만큼밖에 못 뛴다는 것이다.

쇠사슬에 묶인 아기 코끼리 이야기도 유명하다. 코끼리는 힘이 아주 세고 큰 동물이지만 아기일 때 튼튼한 쇠사슬로 묶어 놓으면 아무리 발버둥 쳐도 그 쇠사슬을 벗어날 수 없다. 하지만 무럭무럭 자라 아주 큰 어른 코끼리가 되면 그 쇠사슬을 끊고 다른 곳으로 갈 수 있다. 그러나 이미 힘이 많이 세져서 충분히 끊을 수 있어도 어른이 된 아기 코끼리는 끊으려는 시도도 하지 않는다고 한다.

참 바보같이 보이지 않는가? 이미 자신을 제약하던 뭔가가 사라져도 그것을 벗어나지 못하다니! 충분히 높이 뛸 수 있고 충분히 멀리 갈 수 있는데 정말 바보 같다. 그런데 이런 행동을 벌레나 동물만 하는 것은 아니다. 사람도 마찬가지다. '학습된 무기력'이라고 불리는 이런 행동은, 유리병이나 쇠사슬같이 벗어날 수 없는 그리고 극복할 수 없는 상황에서 반복적으로 좌절을 경험하고 나면 후에 실제로는 벗어날 수 있고 극복할 수 있는 상황으로 변하더라도 도전하지 않고 포기하는 무기력한 상황을 말한다. 정말 무서운 6글자라고 할 수 있다.

> "제가 생각하는 꿈을 이루려면 유학을 가야 해서 돈이 많이 필요해요. 그러니 포기해야겠어요."
> "음악을 하고 싶은데 재능이 없는 것 같아요. 전 안 되나 봐요."
> "의사가 되고 싶은데, 성적이 안 되니 어쩔 수 없죠."
> "남자인데 간호사, 사회적으로 조금 그렇죠?"

앞으로 마주하게 될 혹은 지금 마주하고 있는 현실적인 문제들이다. 돈이 눈앞의 콘크리트 장벽이 될 수도 있고, 재능이 발목을 잡을 수도 있고, 성적이 빠져나오기 힘든 수렁처럼 느껴질 수도 있다. 사회적인 편견이 걱정스러울 수도 있다. 그런데 정말로 불가능할까? 가령 돈 문제를 생각해보자. 솔직히 정말 중요한 문제일 뿐만 아니라 청소년으로서 그리고 대학생으로서도 해결하기 참 어려운 문제이다. 복권이라도 맞지 않는 한 혼자 힘으로 벗어나기 힘든, 방탄유리로 만들어져 깨기도 어려운 튼튼한 유리병같이 느껴진다.

고등학교 때 우리나라의 대학생이라면 한 번쯤 회의를 가질 만한 입시체제에 대해 깊은 반감을 느끼고 미국의 프린스턴 대학교를 검색해본 적이 있다. 왜 하필 프린스턴이었는지는 기억나지 않지만 홈페이지도 들여다본 기억이 난다. 그런데 학비가 1년에 우리나라 돈으로 약 4천만 원이나 한다는 것이다.

"학비만 이 정도라니!"

만약 이 시도가 단지 현재 내 눈앞에 있는 입시가 싫어서 한 번 찾아본 것이 아니라, 진심으로 그 학교에 가고 싶어서 찾아본 것이라면 정말 큰 좌절감을 느꼈을 것이다. 그리고 스스로 해결할 수 없는 돈 문제를 두고 포기했을 것이다. 하지만 대학생이 된 지금은 조금 생각이 다르다. 그때 내가 했던 시도가 정말 진심에서 비롯된 것이라면, 정말 간절한 것이라면, 지금의 나는 그때의 나에게 "간절하면 어떻게든 된다."고 말해주고 싶다. 세상에는 생각보다 기회가 많기 때문이다. 일례로 고등학교 때 많은 귀감이 되었던 책 속의 한 분은 돈도 없고 외국으로 나가는 비자 문제도 있었지만 결국 미국에서 대학원을 훌륭히 졸업하고 큰 인물이 되었다. 그때는 먼 나라의 이야기, 특별한 남의 이야기로 여겼었지만 지금 생각해보면 그 분도도 처음에는 작고 힘없는 20대의 젊은이일 뿐이었다.

학습된 무기력에서 벗어나자! 나는 아직 대학생이고 "꿈을 이루었다." 혹은 "내 꿈을 이 정도 이루었고 지금 더 이루어나가는 중이다."라고 말하기에는 아직 많이 이르다. 하지만 적어도 지금까지 학습된 무기력에 져본 적은 없다고 생각한다. 서울대학교를 다니고 있지만 서울대학교를 다니는 많은 학생들처럼 처음부터 "아, 너는 서울대 갈 녀석이다."라는 평가를 받으며 고등학교를 다니지는 않았었다. "인서울은 해야 하는데……."라는 말을 들었던 고등학교 1학년 1학기, "영어 1, 2등급은 고정층이 있어서 어려워."라는 말을 듣고 좌절했던 고등학교 2학년 겨울방학이 생각난다. 처음부터 가능성이 충만하지는 않았다. 하지만 고등학교 때의 여러 가지 목표 중 스스로 무력해지지 않고 '좋은 대학에 가기' 한 가지는 이루었다. 겨우 첫 단추였지만 그래도 스스로에게 지지 않고 잘 끼웠다고 생각한다.

할 수 있다는 자신감, 겨우 이 정도에는 지지 않는다는 패기, 이런 장애물 정도는 뛰어넘을 수 있다는 용기를 가져라. 내 꿈의 높이는, 내 꿈이 가지는 힘의 크기는 내가 정하는 것이다. 솜미리안

06.

편견, 깨고자 하면 깨질 것이다

꿈을 꾸는 데 많은 장애물들이 있지만 그중 가장 큰 장애물이 있다. 바로 스스로를 한정지어버리는 생각, 즉 '편견'이다. '플라세보 효과(placebo effect)'라는 말을 들어본 적이 있는가? '위약 효과'라고도 불리는 심리현상인데 그 내용은 다음과 같다. 실제로는 아무런 효과도 없는 약을 환자에게 진짜 약이라고 속여 먹이면 실제로 진짜 약을 먹은 것처럼 치료 효과가 나타난다는 것이다. 선입견의 중요성을 말해주는 실험이다. 이 실험이 보여주는 것처럼 해보기도 전에 스스로 편견을 가지고 '안 된다'고 생각하면 될 일도 안 될 가능성이 높아진다.

플라세보 효과 외에도 생각의 중요성을 강조하는 책이나 이론들은 많다. 이 책을 읽고 있는 당신도 생각하기의 중요성을 알고 있을 것이다. 하지만 우리가 알고 있는 것처럼 자신의 생각을 통제하고 편견을 부수고 싶어도 쉽지 않다. 쉽지 않은 일이지만 편견을 부수지 못하면 원하는 바를 이룰 수 없다.

내 경우만 봐도 대입 수능을 공부할 때 편견들을 부수지 못하고 포기했더라면 서울대에 못 올 뻔했다. 나는 충청북도 충주라는 작은 도시에서 초, 중, 고를 모두 다녔기에 서울로 대학교를 가는 것만으로도 충분하리라는 생각을 무의식적으로 했었다. 당시에는 사회탐구 과목 4개를 선택해야 했는데, 서울대는 지금처럼 국사가 필수였다. 알다시피 국사란 과목은 웬만한 사회탐구 과목 2~3개를 합친 분량의 공부를 해야만 했기 때문에 다른 공부를 하는 데 큰 부담이 되었다. 분량도 분량이지만 세세한 부분까지 암기가 필요했던 과목이기에 공부를 해도 매번 제자리였다. '어차피 안 될 것이다'라는 스스로를 향한 편견이 작용하자 자연스럽게 국사를 그만두고 다른 과목을 선택할까라는 생각이 든 적이 한두 번이 아니다. 그와 더불어 '아무리 해도 서울대는 못 간다'는 편견도 작용했다. 서울에 있는 대학만 가도 감지덕지인데 서울대라니 스스로 지나친 욕심이라고 생각했던 것이다. 스스로 그랬을 뿐만 아니라 주변 친구들도 나를 향해 비슷한 편견을 보였다. 약간은 질투가 섞인 말투로 "뭐 하러 국사를 해? 어차피 서울대는 못 가는데."라고 말하기를 수차례 반복하였다.

그러나 스스로가 만든 편견으로 인해 모든 것을 그르치기엔 스스로가 한심했다. 해보지도 않고 미리 안 된다고 약한 소리를 해대면서 근거도 없는 소리로 핑계만 대고 있던 자신이 너무나 미웠던 것이다. 그래서 한 번 깨부수고 싶었고, 포기하고 싶을 때마다 "포기하면 성공할 가능성은 0%지만, 포기하지 않는다면 성공할 가능성은 0.0000001%라도 존재한다."라는 말을 혼자 되뇌면서 버텨냈다. 고등학교 3학년 때 대입에 실패하고 재수를 했다. 만약 국사를 포기하고 다른 과목을 더 열심히 했다면 재수하지 않았을지도 모른다. 하지만 만약 그때 일찌감치 국사를 포기했었다면 재수생 때에 서울대에 원서 접수조차 하지 못했을 것이다. 이 경험을 통해 편견을 만드는 사람도 그 편견을 깰 수 있는 사람도 자기 자신이라는 점을 확실하게 깨달았다. 깨느냐 마느냐는 스스로의 의지와 끈기의 문제에 달려 있는 것이다. 하지만 그럼에도 불구하고 여전히 편견을 쉽사리 부숴버리지 못하는 사람이 많을 수 있다. 나 또한 여전히 스스로를 한정시키는 편견에 사로잡힐 때가 있다. 그럴 때면 세계를 제패한 칭기즈칸이 썼던 시를 몇 번이고 되뇌며 마음을 다잡곤 한다. 절대로 편견이 자신의 꿈을 가로막게 하지 않기를 바란다.

집안이 나쁘다고 탓하지 말라
나는 아홉 살 때 아버지를 잃고 마을에서 쫓겨났다

가난하다고 말하지 말라
나는 들쥐를 잡아먹으며 연명했고
목숨을 건 전쟁이 내 직업이고, 내 일이었다

작은 나라에서 태어났다고 말하지 말라
그림자 말고는 친구도 없고 병사로만 10만,
백성은 어린애, 노인까지 합쳐 2백만도 되지 않았다

배운 게 없다고 힘이 없다고 탓하지 말라

나는 내 이름도 쓸 줄 몰랐으나 남의 말에 귀 기울이면서

현명해지는 법을 배웠다

너무 막막하다고, 그래서 포기해야겠다고 말하지 말라

나는 목에 칼을 쓰고도 탈출했고

뺨에 화살을 맞고 죽었다 살아나기도 했다

적은 밖에 있는 것이 아니라 내 안에 있었다

나는 내게 거추장스러운 것은 깡그리 쓸어버렸다

나를 극복하고 정복하는 그 순간

나는 칭기즈칸이 되었다

- 칭기즈칸

07.
현실과 재능 사이에 노력이라는 다리가 있다

노력파

중학교 1학년부터 고등학교 3학년 때까지 나에게 붙었던 꼬리표다. 솔직히 말하자면 나는 노력파라는 별명을 그렇게 좋아하지 않았다. 삐딱하게 보자면 '넌 머리는 안 좋은데 시간을 많이 투자해서 성적이 좋네.'라고 들렸다.

나는 사람의 인생은 작은 세상에서 넓은 세상으로 나아가는 여정이라고 생각한다. 초등학교에서 중학교로 처음 왔을 때 다양한 학교에서 온 친구들이 있었고, 중학교에서 고등학교로 왔을 때는 더 다양한 학교에서 온 친구들을 만났다. 대학에 왔을 때? 말할 것도 없다.

중학교 때부터 우리는 조금씩 성적에 대한 압박을 받기 시작하고 1등부터 차례대로 나열하는 경쟁이라는 무한 사이클의 한 지점에 떨어지게 된다. 초등학교에서 중학교로 넘어온 후 첫 시험은 나에게 크나큰 좌절이었다. 분명히 친구들과 같은 시간을 투자하고 시험을 봤는데 성적은 좋게 나오질 않았다. 그때 학교에는 머리 좋다는 친구들이 많았고 같은 시간을 투자했어도 결과는 같질 않았다. 내가 정말 머리가 좋지 않은가 하는 생각을 하고 있던 즈음, 당시에는 IQ 테스트를 매년 시행했었는데 그 결과를 보고 충격을 받았던 기억이 난다. 정확한 수치까지는 기억나지 않지만 '원숭이 아이큐'에 근접한 결과를 보고 심하게 좌절했었다.

그때 나는 어린 나이지만 앞으로 살아가는 데 내가 할 수 있는 것으로 '성공' 할 수 있는 것은 무엇일까라는 생각을 진지하게 했었다. 성공에 대해서도 명확한 정의를 내리지 못했지만 성공하려면 뭔가 하나라도 잘 해야 한다는 얘기를 들었던 것 같다.

지금 상황으로 보자면 피겨여제 김연아, 수영황제 박태환, 아시아의 별 박지성처럼 운동에 재능이 있었던 것도 아니고 아인슈타인이나 스티브 잡스처럼 천재도 아니었던 내게 선택지는 하나였다. 나에게 주어진 것으로 해결을 봐야 한다는 것이었다. 집안이 엄청 좋아서 내가 뭘 잘 하지 않아도 살 수 있었던 것도 아니고, 나로 시작해 나로 끝나야 한다는 생각이 들었다. 내게 주어진 것 중 내 문제점을 해결할 수 있었던 유일한 것은 '노력'이었다. 뛰어난 머리도, 특출난 재능도 없었지만 누구에게나 주어진 시간을 최대한 활용하는 노력이라면 성과를 낼 수 있을 거라는 생각을 했다. 그래서 원숭이의 충격을 잊고 내게 주어진 시간을 최대한 활용해 나의 목표와 현실의 간극을 메꾸고자 했다.

지금 생각해보면 그렇게 대단한 것이 아닐 수 있지만 나는 그야말로 시험 때가 다가오면 한 달 전부터 준비했다. 먹고 자는 시간을 빼면 시험공부에 모든 시간을 썼던 것 같다. 머리 좋은 친구들은 한 번이나 두 번 보면 외워지기 때문에 읽는 것으로 시험공부를 했다면 나는 책 자체를 다 외워버렸다. 교과서 한 장을 다 외우기 위해 연습장을 10장 정도 쓰며 직접 다 써서 외웠다. 너무 요령 없는 행동이었지만 그때는 그것이 내가 할 수 있는 최대한의 노력이었다. 시험 당일 날은 박카스를 먹으며 3시간 이상 잠을 자지 않았다. 시간은 누구에게나 똑같지만 재능이 부족하더라도 내가 가진 시간을 최대한 사용한다면 현실을 극복할 수 있다고 믿었다.

나의 생각은 적중했고 중학교 1학년 2학기 중간고사 때 전교 1등을 했다. 쉬는 시간도 없었고 이동하는 시간에도 책을 보던 나는 친구들에게 조롱의 대상이 되기도 했었지만, 나는 이 일을 계기로 노력의 가치를 내 몸으로 증명했던 것 같다. 머리가 좋지 않아도, 누군가 물질적으로 지원해주지 않아도 내 노력만으로 이뤄낼 수 있다는 자신감을 가지게 되었다. 이때부터 나는 노력파라는 말을 들으며 고등학교 3학년까지 최선을 다해 노력했고 그 결과 서울대에 들어올 수 있었다.

많은 청소년들이 "나는 머리가 좋지 않은데 혹은 공부에 재능이 없는데 공부해서 뭘 할까요?"라고 물어본다. 그러면 나는 내 학창시절을 이야기해주면서 "너는 네가 원숭이일지도 모른다는 생각을 해봤니?"라고 반대로 물어본다. 그리고 노력의 위대함에 대해서 이야기해준다. 부모님의 충분한 경제적 도움을 받을 수 있고, 좋은 IQ라는 재능까지 있으면 정말 좋겠지만 세상은 모든 사람에게 똑같은 환경을 제공하진 않는다. 이것에 불평하면서 나는 안 될 거라고 생각하면 그 순간부터 게임은 끝난 거다. 사람이란 참 대단한 동물이라서 의지에 따라 정말 많은 것을 이루어낼 수 있다. 현대 문명은 누가 만든 것인가? 사람의 의지가 그렇게 만든 것이다. 의지를 가지고 노력했기 때문에 지금 우리가 이런 환경을 누릴 수 있는 것이다. 머리가 천재가 아니라도 우리는 누구나 노력의 천재가 될 수 있다.

노력의 천재

노력은 부족한 현실을 인정하고 나의 미래를 위한 의지로 가능한 것, 모든 사람이 할 수 있는 것이다. 내 삶의 주인공은 나다. 누구나 같은 자원을 가지고 인생이란 게임에 임할 수는 없다. 주어진 것을 가지고 최선의 결과를 내는 것이 우리가 할 수 있는 것이다. 사람의 머리에 엄청난 차이가 있다고 생각하진 않는다. 그리고 숫자로 나타나는 IQ를 보며 내 미래를 섣불리 결정하지 말자. 종이 한 장 차이일 뿐이다. 포기하고 싶을 때 한 번 나 스스로에게 물어보자.

'나는 정말 최선을 다했는가?'

참고로 난 밥 먹고 자는 시간 외에는 공부에 집중했다. 원숭이 아이큐가 나왔어도! **전창열인**

대학생활에 대한 환상 vs 현실

권소라   고등학교 때 친구만 진짜 친구다?

나는 대학교에 입학한 후 만나는 사람들과는 속 깊은 이야기를 터놓기 힘들 것이라고 믿었다. 고등학교 때 친구만이 진짜 친구라는 이야기도 많이 들었고, 아무래도 12시간 가까이 공유하는 고등학교 친구들에 비해 대학교에서 만나는 친구들은 그만큼의 시간 공유가 어려울 것이라고 생각했기 때문이다. 하지만 고등학교 친구들만큼 좋은 사람들을 정말 많이 만났다.

고등학교 때는 입시에 치여서 스스로의 가치관이나 생각을 되돌아볼 시간이 없었는데 대학교에 입학한 후 그런 것들을 고민하는 시간이 늘었다. 그 고민을 함께 나눈 동아리 사람들, 대외활동에서 만난 사람들과의 교류 속에서 스스로 많이 성장했다고 느낀다. 또 가치관이 비슷한 사람들과 함께 새로운 꿈을 꾸게 되었다. 나는 이 글을 읽는 여러분이,

대학교에 입학해서 꼭 그런 사람을 만나게 되기를 바란다.

남민호   **문은 열려 있다,**

그러나 그 문에 들어가는 건 선택이다

대학에 들어가면 다양한 대학, 다양한 전공을 가진 사람들을 만나면서 많은 것을 공유하고 대화하며 성장할 줄 알았다. 하지만 실제 대학생활을 해보니 과 활동도 제대로 하지 않는 사람들도 많았고(아싸, 아웃사이더 : 과 활동에 참여하지 않는 사람), 술자리가 많긴 하지만 건설적인 모임은 거의 존재하지 않았다. 그래서 난 다양한 대학이나 나와 다른 전공을 하는 친구들을 만나기 위해 20살 때부터 연합 동아리를 지원했고, 그 동아리를 통해 지금까지도 친하게 지내는 친구들을 만날 수 있었다. 생각해 보면 대학은 정말 자신이 어떻게 해나가느냐에 따라 다양하게 변할 수 있는 것 같다. 혼자가 되고 싶다면 한없이 홀로 대학생활을 보낼 수도 있고, 다양한 사람들을 만나며 즐겁게 보내고 싶다면 얼마든지 즐겁게 보낼 수도 있다. 그러므로 여러분도 대학에 들어간다면 좀 더 적극적으로 부딪쳐가면서 즐겁게 보내기를 바란다.

송미리   대학생은 문화생활을 즐긴다?

고등학교 때 가졌던 가장 큰 환상은 대학교에 가면 여러 가지 문화생활을 즐기는 '문화인'이 될 것이라는 것이었다. 영화는 물론 연극, 뮤지컬, 각종 전시회 등 여러 가지 문화 활동에 참여할 것이라는 기대는 지루한 중·고등학교 때의 하루하루에 설렘을 불어넣기까지 했었다. 하지만 대학에 와 보니 우리는 가난하다! 또 시간이 없다! 기대했던 문화생활은 생각보다 돈이 많이 들었고 우리들의 지갑은 가벼웠다. 또 마냥 한가할 줄 알았던 대학교에서의 생활은 시험과 과제, 여러 가지 대외활동들로 가득 차 생각보다 바쁜 나날이었다. 여유롭게 문화생활을 즐기는 샤랄라한 대학생의 모습은 온데간데없었다. 하지만 너무 실망하지는 말자! 시간은 내면 되는 것이고, 지갑이 가벼운 대학생들을 위한 다양한 기회들이 많이 있다. 환상은 거저 실현되지 않으니 부지런한 대학생이 되어 문화생활을 즐겨보자!

심규승   대학 오면 끝이다?

수능 공부는 끝이 없어 보인다. 아무리 공부를 해도 점수는 오를 기미가 없다. 그래도 공부한다. 나도 공부를 했다. 왜냐하면 대학에 가면 이 고생에서 벗어나 모든 자유를 누릴 것이라고 스스로를 위로하며 마음을 다잡았기 때문이다. 매일 교복만 입는 짧은 머리에서 벗어나 머리도 자유롭게 기르고 매 계절마다 유행하는 예쁘고 멋진 옷들을 입고 아름다운 캠퍼스를 누비는 모습을 상상하는 것만으로도 의지가 샘솟았다. 들썩거리던 엉덩이도 무거워져 의자에 오래 앉아 있을 수 있었고, 졸음도 참을 수 있었다. 다시는 수험생 시절로 돌아가고 싶지 않을 정도로 공부했다.

그리고 원하던 대학에 입학하고 꿈에 그리던 캠퍼스와 조우했다. 상상하던 것처럼 자유를 누렸다. 머리에 염색도 하고 파마도 하고 예쁘고 멋진 옷을 입으며 서울 곳곳의 축제며 행사를 누볐다. 하지만 이게 다가 아니었다. 자유만큼 책임도 따랐다. 고등학교 안에서 정해진 생활을 했던 것과는 달리 대학생활은 모든 것을 스스로 정해야 한다. 수업 출석도 강요하지 않으며 하루 종일 아무 일을 하지 않아도 누구도 강압적으로 제재하지 않는다. 그래서 일명 '폐인 생활'을 하게 될 수도 있다. 하지만 대학생활은 미래를 위하여 차근차근 준비해야 할 시기이다. 꿈을 찾아가는 데 방황할 수는 있다. 하지만 어떤 계획도 없이 소중한 시간들을 소비한다면 졸업 후의 인생이 자신의 기대에 한참 못 미치게 진행될 수도 있다. 대학은 끝이 아니라 시작이다.

전창열　　　　　　　　　　대학에 오면 모든 것이 해결된다고?

거의 모든 중·고등학생들은 대학입시라는 큰 산을 넘으면 내 인생이 더 행복해지고 편해질 거라고 믿는 것 같아. 좋은 대학을 가면 밝은 미래가 펼쳐져 있을 거라는 생각을 하더라고. 나 역시 그랬고. 고등학교 때는 좋은 대학에 가는 것만이 목표였고 그것을 위해서 하루에 3, 4시간씩만 자며 공부에만 시간을 바쳤어. 선생님들과 부모님은 항상 좋은 대학에 가야 한다고 하셨고 나는 경쟁에서 이기는 것을 '선'으로 여기게 되었지. 그렇게 열심히 해서 서울대학교에 왔는데 대학은 내가 생각하는 그런 곳이 아니더라고. 무한하게 주어진 자유에 뭘 해야 할지 몰랐고 대학에 와서도 앞으로는 뭘 해야 할지 주변의 엄친아들을 보면서 고민만 더 커지더라고. 취업 시즌이 오니 대입 때보다 더 힘들게 공부하고 스펙을 쌓아서 바늘구멍을 뚫어야 하더라고. 대학입시는 마지막으로 넘어야 할 산이 아니라 그냥 과정이라는 것을 지금에서야 깨달았어. 대학은 모든 것을 해결해주는 만능열쇠가 아니란 걸 그 당시에 알았더라면.

조은빛　　외국 친구들과 멋진 교류를 할 수 있는 교환학생?

나는 23살 가을에 네덜란드의 흐로닝언 대학교 경영경제학부에 교환학생으로 갔다. 내가 꿈꿔왔던 교환학생 생활은 수많은 외국인들을 사귀면서 그들과 자유롭게 소통하고 즐거운 추억을 쌓고 매일매일 즐거운 여행과 파티로 가득한 것이었다. 환상이었을까, 실제로는 외국인들의 동양인 차별, 영어 발음 차별 때문에 친구를 사귀기 힘들거나 각자의 개인적인 일정과 라이프 사이클 때문에 자주 만나서 함께 놀기 힘들었다. 외국인 친구를 사귀려면 동아리, 운동 교실, 기숙사 공용 주방, 교회 등 외국인들이 모여 있는 곳에 직접 찾아가서 한 사람씩 붙잡고 자기소개를 하고 밥 약속을 잡고 어색함이 없어질 때까지 계속 부끄러운 영어 실력으로 자기표현을 해야 하는 것이었다. 생각보다 차갑게 대하거나 무시하는 외국인들도 있어서 나는 다소 상처도 받고 자존심도 상했었다. 아시아인이라도 영어를 잘 하면 대우가 달라지는 것을 보고 집에서 책을 펴고 영어 공부를 했다. 외국에 가면 개방적이고 친절한 외국인들만 만나서 그들과 편하게 친해질 수 있을 것이라는 환상은 버려라. 외국에 와서도 영어회화를 꾸준히 공부해야 하는 것이 현실이다.

홍석일　　대학에 들어가면 하고 싶은 공부만 할 수 있을까?
천만의 말씀!

"대학교에 들어가면 네가 듣고 싶은 수업만 들을 수 있고, 배우고 싶은 거 다 배울 수 있어, 그러니까 지금 공부하기 싫어도 조금만 참아." 고등학생 시절 공부하기 싫어 농땡이 피울 때마다 선생님들이 자주 하시는 말씀이었다. 실제로 그런 줄 알았다. 대학생들은 정해진 시간표를 따르는 것이 아니라 여러 수업이 개설되어 있고 그중 자기가 원하는 수업을 골라 들을 수 있다는 이유에서였다.

하지만 자기가 듣고 싶은 강의만 들을 수는 없는 것이 현실이다. 자신의 학과에서 정해준 전공 수업은 꼭 들어야 한다. 전공 수업을 다 듣지 못하면 졸업할 수 없다. 물론 학과마다 다르지만 공대의 경우 전공 수업이 매우 많아서 시간표에 전공 수업만 채워도 시간표가 꽉 찬다. 간혹 운이 좋으면 듣고 싶은 교양 수업이나 다른 학과 수업을 들을 수도 있다. 그러나 듣고 싶은 과목이 모든 시간에 열리는 것이 아니기 때문에 수업들이 겹칠 수도 있다. 따라서 듣고 싶은 강좌를 포기해야 하는 경우가 많이 생긴다는 안타까운 현실.

김재훈　　대학가면 나 자신에게 투자하는 시간이 많아진다?

대학가면 시간이 많아질 것이라고, 그래서 많이 놀러 다니고 고등학교 때 못한 것을 다 하면서 살 것이라고 기대하는 친구들이 많을 것이다. 알다시피 시간이라는 것은 절대적으로 24시간으로 정해져 있다. 시간이 많아진다는 것은 얼마나 시간을 알차게 쓰는지에 따라 달라진다. 결국 대학에 가서도 9시까지 출석해야 되는 수업에 가지 않고 늦장을 부린다면, 그리고 잠자리에 다시 든다면 시간은 그만큼 줄어든다. 고등학교 때처럼 꽉 짜인 시간표까지는 아니더라도 내게 맞는 시간관념으로 스케줄을 잘 짜서 대학생활을 보다 알차게 지냈으면 한다. 그렇게 하면 분명히 고등학교 때보다 시간을 조금 더 잘 쓸 수 있을 것이다. 한 가지 팁을 더 주자면 하루에 한 번 하늘을 보는 여유를 가져보자. 뻔한 말 아니냐고? 심리적인 것이겠지만 신기하게도 시간이 늘어난 것 같은 느낌이 든다.

눈물의 시간,
성장의 기회

인생을 결정하는 데 3년은 매우 짧은 시간이다

나는 꿈이 치과의사였다. 그런데 내가 수능을 치를 당시 전국에 치대가 4개뿐이었다, 그중 서울에 있는 치대는 연대 하나였고, 그 당시에는 서울에 있는 치대에 가고 싶었기에 이곳이 나의 목표였다. 그만큼 경쟁이 치열해서 수능으로 들어가려면 전국에서 두 자리 등수 안에 들어야 했다. 이런 사실을 전부 알고 있었음에도 불구하고 나는 고등학교 2학년 7월까지 신나게 놀아버렸다. 여름방학이 되자 엄청난 부담감이 나를 짓눌렀다. 목표는 너무 높은데 지금까지 내가 뭘 하고 있었는지 참 한심하게 느껴졌다. 막상 공부를 진지하게 시작하려니 무거운 중압감과 스트레스 때문에 앉아 있지도 못했다. 그래서 부모님을 설득하여 집을 나가게 되었다.

'나를 아는 사람이 아무도 없는 곳에 가서 혼자만의 시간을 갖자. 진지하게 미래를 생각하고, 성장해서 돌아오자.' 이런 생각을 갖고 당시 제2의 강남이라 불리던 분당으로 올라왔다. 근처 찜질방에 한 달 정액

권을 끊고 무작정 살게 되었다. 그러다 매점 아저씨와 친해져서 매점 아르바이트를 하며 방학을 보냈다. 매점 아르바이트는 참 재미있었다. 처음엔 부끄럼을 많이 탔지만 어느 순간 손님에게 스스럼없이 인사를 하게 되었고, 라면을 끓여주고 이야기를 주고받는 것이 자연스러워졌다. 아르바이트를 하는 한 달 동안 다양한 사람들을 만났고 수많은 이야기들을 들었다.

"나는 공부를 하고 싶어도 못 해서 지금까지 아쉬워하며 사는데, 자네는 지금 뭐가 부족해서 이러고 있나?"
"내 아들 때문에 지금 이 순간도 걱정이 많아. 내가 원하는 유일한 것은 아들이 잘되길 바라는 것뿐인데."
"난 초등학생인데, 요새 너무 바빠. 과외랑 학원 합치면 6개야."

이름도 모르는 사람들에게 들었던 이야기 하나하나가 나에겐 충격 그 자체였다. 공부를 하고 싶어도 형편상 하지 못하셨던 할아버지의 말은 부담을 피해 도망쳐온 나 자신을 부끄럽게 만들었다. 내 나이의 아들이 있던 아저씨의 걱정은 내 아버지의 마음을 알기에 충분했다. 그리고 초등학생의 불만을 통해 수도권의 학구열에 대해서도 새삼 느끼게 되었다. 이런 것들이 모두 나 자신을 자극했고 짧은 시간 나의 성장을 촉진했다. 그 짧은 한 달 동안 철이 많이 들었던 것 같다. 그렇게 의미 있는 하루하루를 보내다 어느새 찜질방에서의 마지막 날이 되었다.
'학구열이 높은 분당에서의 마지막 날, 시립 도서관에 한 번 가보자.'

그 당시 7시 오픈이었던 도서관에 8시에 도착했다. 번호표가 있어 뽑았더니 100번이었다. 이게 무슨 의미냐고 경비아저씨한테 물어보니,

"좌석이 1000석인데, 이미 1000명이 왔고, 당신은 1100번째로 도착한 거야. 대기할 곳은 지하에 있는 식당이야."

충격적이었다. 도저히 믿을 수 없었다. 1시간 만에 1100명이 왔다니. 너무하다는 생각을 하면서 지하 1층 식당으로 내려갔다. 불도 제대로 켜지지 않은 식당에서는 나머지 100명이 자리가 나기를 대기하며 공부하고 있었다. 그때의 소름과 충격은 아직도 생생하다. 나는 지방에서 고등학교를 다니고 있었기 때문에 이렇게 또래들이 열심히 공부하는 모습을 상상해본 적도 없었다. 엄청난 충격에 그 자리에서 10분간 서 있었던 것 같다. 그리고 짐을 싸서 바로 고향에 내려왔다.

제일 먼저 한 것은 '계획 짜기'였다. 하지만 아무리 계획을 짜도 그 아이들을 이길 수 있을까라는 걱정만 들었다. 내가 지금까지 시간을 낭비하고 있을 때, 그 친구들은 쉬지 않고 달려가고 있었다는 것을 알게 되니 지나간 시간들이 너무 아깝고 아쉬웠다. 그렇게 여름방학이 끝났다. 그 후 고등학교 2학년 9월부터 내 모든 걸 내려놓고 오로지 공부만 했다. 쉬는시간, 점심시간, 저녁시간 등 시간이 생기는 모든 시간에 공부만 했다. 친했던 친구들도 조금씩 멀어져 갔고, 어느 순간 내 주위에는 단짝 친구들만 남게 되었다. 외롭고, 힘들고, 괴로운 하루하루였다. 하지만 꿈을 이루기 위해 내가 가고 싶은 과에 들어가기 위해 내 모든

것을 걸고 노력했다. 결과는, 그 당시 내가 원하던 곳에는 들어가지 못했다. 시간이 많이 부족했기 때문이다. 현재 나는 삥 돌아서 남들보다 3년 늦게 치의학을 공부하게 되었다.

아쉽다. 큰 후회가 남는다. 왜 고등학교 1학년 때부터 열심히 하지 못했을까. 왜 그렇게 늦게 공부를 시작했을까. 인생에 있어 학창시절 3년은 친구들과 소중한 추억을 쌓을 수 있는 시간이기도 하지만, 그 짧은 3년이 여러분의 미래에 지대한 영향을 준다는 것 또한 사실이다. 나처럼 공부만 하라는 것이 아니다. 친구들과 소중한 추억도 쌓으면서 3년 내내 꾸준히 노력하길 바란다. 뒤늦게 공부한 사람은 꾸준히 공부한 사람을 이기지 못한다. 여러분은 나같은 후회와 아쉬움을 학창시절에 남기지 말았으면 한다. 남민호

02.
후회하지 않는 사람은 없다

'공부만 했던 것이 후회되지 않느냐?' 사실 스스로에게도 자주 했던 질문이다. 학창시절을 되돌아보면 중학교 3년과 고등학교 3년이란 시간이 거의 대부분 공부로만 채워져 있다. 고등학교가 비평준화였던 지역에서 자랐기 때문에 공부하기에 더 나은 고등학교로 가기 위해서 중학교 때부터 내신 시험공부에 열중했다. 시험 보기 한 달 전부터 공부에 매진하는 것은 기본이었다. 그렇게 해서 진학한 고등학교에서도 내신뿐만 아니라 수능 공부에 노력을 쏟아야 했다. 고등학교는 비슷한 수준의 학생들이 모여 있었기 때문에 중학교 때보다 경쟁적으로 공부할 수밖에 없는 분위기였다. 덕분에 친구들과 다양한 추억을 만들지 못했고 매일 반복되는 일상을 지내다 보니 조금 더 다이내믹한 학창 시절을 보내지 못한 것에 대한 후회가 남고 아쉽기도 하다.

그런데 내 과거에 대한 아쉬움을 조금 뒤로 하고 이런 질문을 하는 의도가 무엇일까 생각해보자. 질문을 잘 들여다보면 수험생들이 공부를 조금이라도 벗어나고자 하는 '잔꾀⒜'가 숨어 있음을 알 수 있다. 질문에 대한 답으로 "나는 정말 후회해요. 그러니 여러분은 공부만 하지 말고 친구와 더 많이 놀러 다니고, 자신이 원하는 것을 충분히 하세요."라는 말을 듣고 싶어 하는 뉘앙스가 숨겨져 있다는 말이다. 혹시라도 정말 여러분이 이런 의도로 질문했다면 나는 단호하게 "절대 후회하지 않는다!"라고 말해줄 것이다.

내 주변 친구들 중에는 고등학교 때 그렇게도 하기 싫어하면서 요리조리 피하기에 바빴던 공부를 지금이라도 다시 시작해야 하는지 고민하는 녀석들이 많다. 이 친구들은 편입이나 반수를 고민하는 중이다. 수능 점수에 맞춰 일단 대학에 입학했지만 자신의 기대를 충족시키지 못해 고민하다가 본래 자신이 원하던 대학교에 가기 위해 수능보다도 더 어렵다는 편입 시험을 준비하기도 하고, 다시 처음부터 수능 공부를 택하기도 한다. 편입이나 반수를 택해서까지 할 공부를 고등학교 때 미리 했었다면 어땠을까? 고등학교 시절은 온전히 자신이 원하는 대학 및 학과에 진학하기 위해 마음껏 공부할 수 있는 시기이다. 편입이나 수능을 다시 준비하는 등 대학에 와서 따로 공부할 수는 있겠지만, 고등학교의 통제된 상황과 달리 주변에 방해 요소들이 너무 많다. 성인이기 때문에 미성년자였던 학생 시절에 없었던 자유를 얻었을 뿐만 아니라 대학에 다니는 친구들과의 비교 등으로 인해 공부에 집중하는 것이 보다 더 어려운 것이다. 할 수 있을 때 실컷 해야 후회가 남지 않는 법이라는 것을 기억해두자.

다음으로는 '후회'라는 단어에 대한 이야기하려 한다. 솔직히 얘기하자면 나는 공부로만 가득 찬 학창시절이 아쉬웠고, 조금은 후회가 된다. 그러나 후회를 하나도, 단 한 번도 하지 않는 사람이 있을까? 사람은 누구나 자신이 부족한 것에 대해 아쉬워하는 법이다. 만약 내가 공부를 덜 해서 지금과 다른 결과의 대학생활을 하고 있다면 나는 또 공부를 덜 한 것에 대해 후회했을 것이다. 하지만 수험생 시절에 후회하지 않을 만큼 공부했기 때문에 '공부를 덜 했다'는 후회는 없다. 문제는 '어떤 후회를 선택할 것이냐?'일 것이다. 나에게 같은 질문을 한다면 나는 고등학생 시절 충분히 많이 놀지 못해 아쉬워하는 지금의 후회를 선택한 편이 훨씬 낫다고 답할 것이다.

또 후회는 자신이 나아갈 길에 대한 확신이 없을 때 생기는 것이다. 내가 공부로만 가득 찼었던 학창시절을 후회하는 이유도 그렇다. 공부를 무작정해서 대학에 오긴 왔는데 '이제 어디로 가야 하는가?'에 대한 대답이 마련되어 있지 않기 때문에 '차라리 이럴 바에는 친구들과 더 좋은 추억을 쌓을걸.'이라는 후회를 잠깐 했다. 하지만 대학에 와서 좋은 사람들과 좋은 일들을 경험하고 나니 오히려 스스로가 대견스러웠다. 여기서도 꿈의 중요성이 드러난다. 정말 가고 싶은 대학이 있고 학과가 있고 그 이후에 하고 싶은 일이 있다면 공부에 열중한 것이 어떻게 후회될 수 있을까? 스스로 미치도록 하고 싶은 꿈에 한 발자국씩 다가가는 것이 행복의 순간들이 아니면 뭘까?

"미래의 행복을 위해서 현재의 행복을 희생하는 것은 미련하다."라는 말이 있다. 물론 미련한 일이다. 그러나 현재의 행복을 즐기느라 예정되어 있는 것이 빤히 보이는 후회와 고뇌, 번민으로 채워진 미래의 나

날들을 살아가는 것이 더 미련하다고 생각한다. 그래서 꿈이 있어야 하는 법이다. '현재의 행복을 희생한다'는 표현은 꿈을 가진 사람에게는 영 어울리지 않는 말이다. 꿈을 가진 사람에게는 꿈을 향해 가는 걸음걸음이 행복하다. 현재 이렇다 할 꿈이 없는 사람이라도 주어진 지금에 최선을 다한다면 분명 후회하지 않을 것이다. 심규승

03.
흔들리지 않고 피는 꿈이 어디 있으랴

지금까지 한 20여 년 살면서 진정으로 나중에 뭘 하고 싶은지 꿈꿔본 시간은 4~5년에 불과하다. 그 시간 안에서도 사실 한 가지 꿈만을 꾼 것은 아니었다. 국악연주가, 국악 기획자, 국악 매니지먼트 등 내 전공과 관련된 다양한 것에 대해 생각해보았다. 서비스직 아르바이트를 하면 전공과 아무런 관련 없는 서비스 관련 일을 해보는 것은 어떨까 혼자 고심하기도 했다. 대략 생각해본 직업, 꿈꾼 직업만 해도 내 손가락 안에 다 꼽지 못할 것이다. 오해할 수도 있지만 나름 하나의 꿈을 생각한 후에는 약 3개월 동안 그 직업에 대한 정보를 알려고 많이 노력했었다. 그런 과정을 거쳐 포기했던 것이 대다수이며, 정보를 알면 알수록 내 적성과 맞지 않다는 이유로 꿈을 다른 것으로 바꾸곤 했다.

수많은 꿈 가운데 지금 시점에서 약 1년 동안 바뀌지 않는 꿈이 있다. 정확하게 어떤 직업이라고 말할 수는 없지만 지금 예술인이 살아가는 생태계를 자생적으로 만들고 싶은 것이 꿈이며, 앞으로 직업을 선택

하게 될 가치관으로 정하고 어떻게 실현할 수 있을까 생각하고 있다. 자생할 수 있는 예술 생태계 조성. 말은 참 그럴싸한데 이후에도 꿈에 대한 확신은 수없이 흔들렸다. "그게 가능할 것 같아?"라는 주변의 질타는 물론이고, 명확한 방향이나 형태 없이 모든 것을 부족한 나 스스로 결정한 것이기 때문에 일단 겁을 많이 먹었던 것 같다. '이렇게 가치관을 잡아도 되는 건지, 내가 사회의 반항아가 되는 것은 아닌지.' 각가지 생각에 사로잡힌 날들이 있었다.

그런 와중에 나는 아직 대학생이고 어떤 일을 하든 배우는 입장이기에 사회에 불순하다기보다는 좀 직극적인 아이로 보일 수 있겠다는 생각이 들었다. 이렇게 가치관을 잡는 것이 손사래를 칠 만한 일일 수도 있겠지만 그저 일단 지르고 봐야겠다라는 생각이 먼저 들었다.

아직도 내 꿈은 많이 흔들리고 있다. 이런 것이 꿈이라고 할 수 있는 건지도 잘 모르겠다. 하지만 아직 대학생인 지금 그리고 학생이라는 딱지가 붙은 지금은 많이 흔들려 보려 한다. 타인의 따가운 시선이 있을 수 있지만 내가 생각하는 많은 것들, 경험하는 다양한 일들 사이에서 조금 더 치열하게 꿈을 깎아나가고 싶다. 그러다 보면 내 꿈은 조금 더 구체화될 것이고 진정으로 이룰 수 있는 날이 올 것이라고 믿는다.

"꿈이 흔들리면 어떻게 하나요?"라는 질문에 누군가 이 시를 권해서 읽어보니 위로가 되었었다. 여러분과 함께 공유하고 싶다.

흔들리지 않고 피는 꽃이 어디 있으랴
이 세상 그 어떤 아름다운 꽃들도
다 흔들리면서 피었나니
흔들리면서 줄기를 곧게 세웠나니
흔들리지 않고 가는 사랑이 어디 있으랴

젖지 않고 피는 꽃이 어디 있으랴
이 세상 그 어떤 빛나는 꽃들도
다 젖으며 젖으며 피었나니
바람과 비에 젖으며 꽃잎 따뜻하게 피웠나니
젖지 않고 가는 삶이 어디 있으랴

- 시인 도종환

04

돌다리도 건너본 사람이 잘 건넌다

꿈 앞에 흔들린다는 것을 어떤 증상으로 판단할 수 있을까? 걱정이나 불안, 초조함 때문에 안절부절못하며 포기해야 한다는 생각이 드는 것이 하나의 증상이다. 주변 사람들의 반대 때문에 위기감을 강하게 느끼는 것일 수도 있다. 첫 번째는 나의 내부에, 두 번째는 외부에 그 흔들림의 원인이 있는 것이다. 내가 흔들렸던 순간을 되돌아보면 많은 청소년들이 그렇듯이 성적 때문에 늘 전전긍긍한 상태였던 것은 내부 원인이었고, 부모님과의 크고 작은 의견 차이로 흔들린 것은 외부 원인이었다.

우선 내부의 원인 때문에 흔들렸던 경우에 대해 이야기해보겠다

삼수를 했던 당시, 다행스럽게도 성적이 꾸준히 향상됐다. 상승 폭은 그렇게 크지 않았지만 조금씩 자신감을 얻었다. 3월, 4월, 6월, 7월 모의고사를 거쳐 수능을 100일 남기고서는 '올해는 정말 무언가 이루겠구나.' 하고 생각했다. 어쩌면 조금은 자만에 가까운 시간들이었을 것이다. 그러다 가장 중요하다는 9월 평가원 모의고사를 보았는데, 웬걸 3월보다 성적이 뚝 떨어졌다. 그때 느낀 아득함이란! 모의고사에 불과했지만 내 불안한 심리에 끼친 영향은 어마어마했다. 지난 6개월의 시간이 무색하게 느껴지면서 자책을 하기 시작했다. '이제 정말 50일도 남지 않았는데 어떻게 해야 하나.' 싶은 걱정과 불안, 초조함이 시시각각 밀려들었다. 목표했던 대학에 입학하는 꿈이 또다시 성적 때문에 흔들렸던 것이다.

결론부터 말하면 그 순간을 극복한 방법은 부족한 부분을 하나라도 메꾸려고 더 독하게 노력한 것이었다. 날마다 공부했던 내용을 암기해서 잠들기 전에 정리하는 습관을 가졌고, 어떠한 과목이든지 새롭게 깨달은 것이 무엇인지 일일이 기록했다. 실수한 것까지도 가볍게 여기지 않고 따로 노트를 만들어 자주 저지르는 작은 실수나 습관들을 정리했다. 항아리에 뚫린 미세한 구멍들을 하나하나 채우는 마음으로 차분하게 노력했다. 수능 때 틀렸을지도 모르는 것들을 지금 알게 되어 다행이라고 생각하면서 말이다. 결국 수능 때는 내가 이제껏 받은 것 중 최고의 점수를 받을 수 있었다.

다음으로는 외부의 원인으로 흔들렸던 경우이다

부모님과의 의견 차이 때문에 꿈이 흔들린 것은 대학교에 입학한 후였다. 부모님은 대외활동을 활발히 하는 나를 걱정하셨고 때때로 작은 의견 충돌이 있었다. 아무래도 안정적으로 자격증을 취득해 전문성을 갖추는 것이 좋지 않겠냐며 회계사 시험을 준비하라고 꽤 여러 번 말씀하셨다. 하지만 나는 그러고 싶지 않았다. 내가 경영학을 공부하고 싶었던 이유는 다른 것이었기 때문이다. 경영학을 공부하고 싶다고 진지하게 생각한 것은 고등학교 2학년 때였다. 사물놀이 동아리를 비롯해 모의법정 대회를 준비하고, 학급에서 여러 가지 책임을 맡게 되면서 리더십이라는 키워드에 관심이 생겼던 것이다. 우연히 룸메이트의 책장에서 발견한 「하버드 MBA의 경영수업」이라는 책도 한몫했다. 어떻게 입학 준비를 해서 어떤 수업을 듣고, 어떤 과제를 해야 하고, 사람들과는 어떻게 생활하는지, 졸업 이후 커리어는 어떻게 되는지, 그곳에서 만나는 사람들은 어떤지에 대해 조곤조곤 이야기를 들려주는 것 같은 경험담이 상세하게 쓰여 있었다. 책을 읽는 것만으로도 무척 설렜다.

나는 리더십을 발휘할 수 있는 경험들이 더 중요하다고 판단했고, 이런 나의 생각들을 차근차근 정리했다. 내가 어떤 직업을 가지고 싶은지, 왜 그 직업을 가지고 싶고 어떤 점에서 나랑 맞다고 생각하는지부터 구체적으로 생각해보았다. 그 직업을 가지려면 어떤 것이 도움이 되는지, 그 도움 중에서 현재 내가 하고 있는 대외활동은 어떤 역할을 할 수 있는지, 그리고 이것을 통해 내가 어떤 가치를 실현하고 있는지까지 말이다. 그리고 이 대외활동을 통해 만들어낸 각종 성과들과 내가 배운 것들을 잘 정리해서 부모님께 정식으로 말씀드렸다. 나의 부모님은 상당히 논리적이셔서, 단순한 '우기기'로는 절대 설득되지 않는 분들이다. 이런 저런 나의 이야기를 듣고는 결국 인정해주셨다. 그 뒤로도 나는 부모님과 더 적극적으로 소통하려고 노력했고 내가 마주하게 되는 문제

들에 대해 조언도 열심히 구했다. 이제 부모님은 내 미래를 걱정하기보
다 나의 선택과 행동을 믿어주신다.

작은 극복의 경험은 흔들림을 이겨낼 용기를 준다

꿈은 마치 여러 갈래로 펼쳐진 돌다리 같다. 어떤 돌을 밟아야 할지
아리송하기도 하고, 잘못 발을 디디면 물에 빠질 수도 있다는 두려움을
준다. 그 자체로 흔들리는 돌이 있는가 하면 옆에 있는 사람들의 이야기
가 불안함을 증폭시키기도 한다. 그럼에도 불구하고 꼭 가야만 하는 이
유가 있다면 그 모든 어려움을 이겨내고 한 걸음 더 내딛어야만 한다는
것을 우리는 알고 있다.

꿈의 돌다리를 건너는 과정이 쉽지 않은 것은 분명하다. 아니 흔들
리는 것이 당연하다. 그 폭이 때로는 좁을 수도 넓을 수도 있다. 하지만
돌다리도 건너본 사람이 잘 건넌다는 말은 꿈을 향해 도전하는 과정에
서 만날 힘든 순간들을 헤쳐 나가는 능력도 점차 향상된다는 뜻이다. 스
스로의 극복 방법을 개발하고 시도해서 결국에는 성공하는 노하우를
찾아가기 바란다. 권소라인

05.

부모님의 기대보다 나 자신의 기대를 키워라

모든 부모님들은 자식에게 큰 기대를 갖고 살아간다. 어떤 부모님은 자신이 할 수 없었던 것들을 자식들이 이루어내기를 바라신다. 여러분 입장에선 부담감으로 느껴질 수 있다. 하지만 이런 기대의 내면에는 여러분에 대한 사랑과 신뢰가 있다는 것을 잊지 말았으면 한다.

"아들아, 서울대에 들어가려면 더 열심히 공부해야지."
"많은 직업 중에 넌 판검사가 됐으면 한단다."
"넌 의사가 돼서 돈을 많이 벌어라."

대부분 비슷한 말들을 어릴 적부터 들어왔을 것이다. 부모님은 여러분이라면 할 수 있다고 생각한다. 현재 자식의 성적과 큰 괴리가 있음에도 저런 말을 서슴없이 하곤 한다. 하지만 저런 부모님의 기대에 부합하는 사람은 사실 수험생들 중 5%에도 미치지 못한다.

나의 부모님은 나에게 어린 시절부터 판검사가 되라고 거의 세뇌하듯이 반복해서 말씀하시곤 했다. 아마 초등학교 때부터 그랬던 걸로 기억한다. 그 당시 내 성적이 그렇게 썩 좋지 않았기 때문에 그런 말들은 큰 부담감으로 느껴졌다. 하물며 판검사가 되고 싶은 마음도 그리 크지 않았다. 부담감을 넘어 스트레스까지 받았다. 그러다 보니 공부가 하기 싫어지고 친구들과 놀러 다니는 것에 더 시간을 쓰곤 했었다.

내가 꿈을 확고히 결정하는 순간 부모님의 기대와 바람은 아무런 의미가 없어졌다. 왜냐하면 내가 원하던 꿈은 치과의사였기 때문이다. 오랜 시간 판검사가 되길 바라셨던 부모님은 내 꿈을 반대했고, 나는 그런 부모님을 몇날 며칠 계속해서 설득했다. 우선 치과의사가 되려면 치대에 가야 하고, 그렇게 하려면 문과가 아닌 이과를 선택해야 한다고 설득했다. 애초에 법대가 배제됨을 설명해야 했다. 아직 어린, 고등학교 1학년이라는 나이에 이미 확고하게 꿈을 정한다는 것이 부모님 입장에서는 어설퍼 보이는 상황이었을 것이다. 그래서 내 의지를 보여드리겠다고 결심했다. 한국에 있는 치대의 수와 정원, 그리고 들어가기 위해 필요한 점수 등을 조사해 알려드리고, 그 목표를 위해 열심히 공부하겠다고 다짐하며 공부하는 모습도 보여드리는 등 부모님의 마음을 움직이기 위해 최선을 다했다. 이런 노력 끝에 결국 부모님의 마음이 변했고, 다음과 같이 말씀하시며 내 꿈을 허락해주셨다.

"아들아, 나는 아직도 네가 판검사가 되길 원한다. 하지만 정말 원하는 직업이 치과의사라면 원하는 대로 해라. 그리고 네가 선택한 길이니까 그 길이 틀리지 않았다는 걸 보여주길 바란다."

아무리 부모님의 기대가 크더라도 그것은 부모님의 바람일 뿐이다. 자신의 삶은 자신이 결정해야 한다. 나는 치과의사라는 꿈을 갖게 되고, 부모님을 설득하고, 그리고 허락을 받으면서 이 꿈을 이루기 위한 방법을 스스로 찾게 되었다. 이를 위해 우선 높은 성적이 필요했고, 어느 순간부터 누가 시키지 않아도 스스로 공부하고 있는 내 모습을 발견하게 되었다. 또 지방보다 서울에서 치의학을 공부하고 싶었기 때문에 내 목표는 자연스레 더 높아지게 되었다.

부모님을 설득하기 전까지, 공부하라는 말을 너무 많이 들어왔다. 그것 자체가 얼마나 스트레스인지는 여러분도 잘 알 것이다. 누군가 하라고 해서 하는 공부가 얼마나 큰 효과가 있겠는가. 억지로 하다 보니 공부 자체도 너무 재미없었다. 하지만 이제는 이야기가 완전히 달라졌다. 내가 간절히 원하는 꿈이 있다. 부모님이 바라는 꿈이 아닌, 나 자신이 원하는 꿈이 있다. 그리고 그 꿈을 이루기 위해 끊임없는 노력이 필요하다는 것도 알고 있다. 그래서 부모님께 가서 선포했다.

"앞으로 제 꿈을 이루기 위해 저 스스로 공부할 것입니다. 좋은 성적이 필요하다는 걸 저 또한 알고 있습니다. 그러니 저에게 공부하라는 말은 하지 마시고 믿어주세요."

자식을 향한 부모님의 기대는 클 수밖에 없다. 부모님에게 있어 당신은 세상에서 가장 소중하고 훌륭한 존재이기 때문이다. 그러니 그 기대를 너무 부담으로 여기지 말았으면 한다. 오히려 그런 부모님의 기대를 나를 사랑하는 마음이라 생각하자.

나는 이렇게 생각한다. '내게 가장 큰 기대를 가질 사람은 어느 누구도 아닌 나 자신이어야 한다.'고. 여러분도 자신이 대단한 존재라고 생각했으면 한다. 부모님이 여러분을 생각하는 것 이상으로 자신을 대단하다고 생각해야 한다. 난 모든 걸 할 수 있다고 생각해야 한다. 그리고 이를 위해 스스로 노력해야 한다. 그 노력이 여러분의 자신감이 될 것이고, 그 자신감은 여러분의 높고 높은 기대를 충족시킬 것이다. 남민호인

06

기대에 쓰러지기 전에 부모님께 먼저 표현하라

부모님이 자식에게 기대를 표현하시는 이유는 무엇일까? 더 나아가 자꾸 잔소리하시는 이유는 무엇일까? 그것은 부모님이 보시기에 자식의 행동이 아쉬운 점이 많다고 느껴지기 때문일 것이다. '우리 아이는 조금만 더 노력하면 될 텐데, 동기부여가 되는 계기를 찾으면 열심히 할 텐데.' 하는 아쉬움 때문에 더욱 채찍질하는 것이다.

기대를 표현한다는 것은 마음속에 여러분에 대한 일종의 기대치가 있다는 것을 의미한다. 중요한 것은 여러분의 생각보다 그 기대치가 그렇게 터무니없이 높지는 않다는 것이다. 부모마다 내 아이에 대한 기대치는 조금씩 다를 수 있지만, 공통적으로 그 기대치는 '자신이 가진 역량을 모두 소진할 만큼 최선을 다하는 것, 그리고 그에 대한 결과'를 의미한다. 따라서 부모님이 기대를 표현을 하시거나 아직 부족하다는 식으로 잔소리를 하시는 것은 그분들이 판단하기에 여러분이 아직 최선을 다하는 것으로 보이지 않기 때문일 수도 있다.

자신의 '최선'이 어느 정도인지 그 기준을 부모님과 진지하게 논의해보는 것이 중요하다. 흔히 공부에 있어서 '최선'은 잠자는 시간과 밥 먹는 시간, 화장실 가는 시간 말고는 모든 시간을 공부에 투자하는 것이라고 생각하기 쉽다. 사실 이 정도의 공부를 몇 년 이상 꾸준히 해낼 수 있는 사람은 서울대 학생 중에도 몇 명 없을 것이다. 그만큼 여러분도 여러분의 부모님도 공부의 최선에 대한 환상을 가지고 있기 쉽다는 말이다. 여러분이 몇 년 동안 이와 비슷한 강도의 공부를 해온 사람이 아니라면 이 정도의 공부량은 능력의 한계를 뛰어넘는 너무 과도한 기대치가 될 것이다. 사람마다 현재의 수준에 따라 최선의 수준도 달라진다. 최선의 기준이 무엇인지는 여러분이 자신을 냉철하게 성찰하는 것부터 시작해서 여러분을 계속 지켜봐주신 부모님과의 논의를 통해 정해야 한다.

예를 들어 공부와 담을 쌓아온 학생이 어느 날 공부를 시작하기로 결심했다고 가정하자. 이 학생은 지금까지 누적해온 공부량이 매우 미미할 뿐더러 공부하는 습관도 제대로 들어 있지 않아서, 의자에 엉덩이를 붙이고 한 시간 이상 앉아 있는 것조차도 힘들 것이다. 이 학생에게 있어 현재 시도할 수 있는 최선의 공부는 하루 4시간 동안 휴대폰 없이, 여가 시간 없이 책상에만 앉아 공부하는 정도가 아닐까? 잠자는 시간, 밥 먹는 시간, 화장실 가는 시간을 빼고 하루 15시간 이상을 공부해야 최선이라고 생각하는 기준에 비하면 공부량이 훨씬 적지만 이 학생의 경우 그 정도가 최선이자 최대치인 셈이다. 이해를 돕기 위해 다소 극단적인 예를 들었지만, 현재까지 꾸준히 공부해온 친구들에게도, 그리고 현재 성적이 높은 친구들에게도 똑같이 적용할 수 있는 이야기다.

중요한 것은 서로 간에 충분한 소통이 필요하다는 것이다. 부모님께 솔직하게 내가 지금까지 해온 노력의 양은 얼마나 되는지, 휴대폰, 컴퓨터, TV 시청 등 환경적인 요소들을 얼마나 스스로 통제할 수 있는지, 최소한 하루에 몇 시간 이상 자율학습을 할 수 있는지 등 매일 실천할 수 있는 최선의 공부량이 어느 정도인지를 이야기하고 서로 '최선의 기준'을 합의하는 것이 좋다. 그래야 부모님도 그 이상의 기대 표현을 함부로 하지 않게 되며, 여러분도 스스로 정한 최선의 기준만큼은 꼭 지키기 위해 책임감을 가지고 노력하게 될 것이다.

부모님과의 소통이 필요한 이유는 부모님이 불안을 더시고 나를 신뢰하도록 만들기 위해서이다. 부모라면 자식을 속속들이 다 알 것 같지만, 여러분이 자신의 생각과 계획을 말로 표현하지 않으면 모를 수밖에 없다. 모를수록 온전히 신뢰하기 어려워지고 부담스러운 기대 표현과 잔소리는 많아지는 법이다. 따라서 여러분은 부모님의 기대와 잔소리로 인한 부담을 줄이기 위해서라도 부모님께 자신의 생각과 계획, 성격, 가치관 등을 잘 표현하는 자식이 되어야 한다.

나의 부모님은 "너는 어느 대학 정도는 가겠다, 어느 대학 이상은 가야 되지 않겠니?"라는 식의 표현을 한 적이 거의 없으셨다. 심지어 성적이 좋지 못했던 고등학교 1학년 때도 "공부한 만큼의 결과를 받아들이고 그에 맞는 대학에 가라."고만 하시고 아쉬운 표현 하나 하지 않으셨다. 나중에 그 이유를 여쭤보니 스스로가 무엇을 잘 하는지, 앞으로 무엇을 할지 잘 알고 있는 아이였기 때문에 어느 대학을 가든 자기 인생

행복하게 잘 살 것 같아서라고 말씀하셨다. 부모님이 나를 이렇게 믿어주시는 것은 내가 먼저 다가가 부모님께 내 이야기를 많이 한 덕이 컸다.

나는 어렸을 때부터 부모님께 내 이야기를 잘 하는 아이였다. 유치원이나 학교를 갔다 오면 오늘은 누구와 무슨 재미있는 일이 있었는지, 평소에 잘하는 것과 못하는 것은 무엇인지 허심탄회하게 이야기하고, 앞으로 결혼은 언제 할 것이고 자녀는 몇 명 낳을지 같은 미래 계획도 이야기하고, 종교관이나 가치관의 변화가 있을 때마다 부모님께 내 생각을 이야기했었다. 앞으로 무엇을 하고 싶은지, 무엇을 할 때 가장 재미있고 행복한지, 독립은 언제 할 것이고 어떻게 스스로 벌어서 살지 당찬 포부를 자랑스럽게 이야기하는 아이였다.

그런 소통 속에서 부모님은 나에 대해 두 가지를 확신하셨다고 한다. 첫째로 대학 입학 후에 무엇을 할지 스스로 잘 아는 아이라는 것, 둘째로 자신감이 넘치는 아이라는 것이다. 단 두 가지 확신만으로, 자녀의 인생에서 가장 중요하다는 '대학 입시'에서 나의 부모님은 일절 개입 없이 손을 놓으셨다. 그러므로 여러분은 부모님의 기대에 마냥 짜증만 낼 것이 아니라 오히려 '내가 부모님께 나에 대한 확신을 못 드린 것이 아닐까?' 하고 생각해보아야 한다. 여기서 말하는 확신은 내 아이가 성인이 된 후 스스로 할 일을 찾아서 열심히 살 수 있을 것인지, 그리고 그 일에 자신감과 만족감을 가지고 행복하게 살 수 있을지에 대한 확신을 말한다. 이러한 확신은 100점짜리 성적표를 가져와도 쉽게 생기지 않는다. 부모님과의 꾸준한 소통을 통해 여러분 스스로에 대해 끊임없이 표현해야 만들어지는 것이다.

지금 이 글을 읽는 여러분 중에는 당장 부모님과 대화를 시도하기 어려운 학생들도 있을 것이다. 여러분이 부모님을 대하기 어려워하는 만큼 부모님 역시 소통하지 않는 자식을 어려워하실 수 있다는 것을 알았으면 좋겠다. 먼저 가벼운 주제부터 자신의 이야기를 꺼내길 바란다. 오늘 학교에서 무슨 일이 있었고 그 일을 통해서 나는 무슨 생각을 했는지부터 말이다. 그렇게 대화가 쌓이다 보면 자연스럽게 부모님도 여러분 스스로도 앞으로의 인생에 대한 자신감과 확신이 들면서, 말로 내뱉는 기대 표현과 잔소리가 점점 필요 없다는 것을 느끼게 될 것이다. 조은빛

07.
재수에 대한 프레임을 바꿔라

재수. 이 단어를 들으면 어떤 생각을 할까? 하기 싫은 것, 무서운 것, 내 일이 아니었으면 하는 것, 두려운 것, 일어나서는 안 되는 악몽일지도 모른다. 일단 '재수'에 대한 이야기를 시작하기 전에 오른쪽 페이지의 사진을 한번 보길 바란다.

세 장의 사진 중 가운데 사진은 'Impervm studio'라는 개인 블로그 운영자가 찍은 것이다. 가운데 있는 사람은 미군에 사로잡힌 이라크군 포로이고 양옆의 사람은 미군이다. 그런데 언론사에서 이 사진 중 일부를 잘라 썼다. 이라크 언론에서는 왼쪽 사진을, 미국 언론에서는 오른쪽 사진을 사용했다. 왼쪽 사진을 보면 미군의 가혹함이 느껴지고, 오른쪽 사진을 보면 미군이 포로를 배려한다고 느껴진다. 사실 같은 상황인데도 말이다. 즉, 같은 상황을 놓고 프레임을 다르게 잡은 것이다. 재수에 대한 프레임도 이와 같다고 느껴진다.

©impervm studio(출처 : 위키피디아)

처음에 재수는 위협적이고 피하고 싶은 것일 뿐이었다. '절대 재수는 안 할 거야!'라는 다짐으로 고등학교 3년 내내 절대로 나에게 일어나지 않기를 바랐다. 하지만 정시로 원서를 내고 결과 발표가 날 때쯤 점점 '이 일이 내게 일어나겠구나!'라는 생각이 들었다. 그리고 실제로 그런 상황이 벌어졌다. 그런데 막상 닥치고 보니 재수는 나에게 다시 한 번 주어진 기회였을 뿐이다. 더 높은 목표를 위해 주어진 천금 같은 기회, 또 하나의 가능성, 다시 한 번 날아오를 수 있는 도약의 발판이었다.

많은 친구들이 묻는다. 재수하던 그때를 후회하지 않느냐고 말이다. 나는 언제나 후회하지 않는다고 답한다. 그러면 다시 질문을 받곤 한다. 결과가 좋았기 때문에 후회하지 않는 것 아니냐는 것이다. 그럼 나는 이렇게 말한다. 결과가 안 좋았다면 재수한 것을 후회하는 게 아니라, 재수를 '제대로' 못 한 것을 후회했을 거라고 말이다. 많은 학생들이 재수에 대해 물어보면서 기본적으로 재수를 부정적인 것으로 본다. 확실히 재수는 정규교육과정 외에 1년이라는 시간을 더 투자해야 한다. 그리고 그 시간 동안은 성인이지만 아직 성인이라고 부르기 조금 그런, 그렇다고 청소년이라고 부를 수도 없는 소속감 없이 붕 뜬 것 같은 시기를 보내게 된다. 솔직히 정말 힘들었다. 하지만 힘들기만 한 시간은 아니었다. 무한한 가능성을 가지고 있는 시간이고, 내 꿈의 높이를 보다 높게 만들 수 있는 시간이며, 내 앞의 벽을 하나 넘을 수 있는 시간이기도 하다.

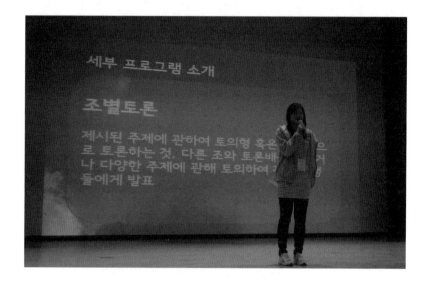

물론 적극적으로 권하지는 않는다. 많은 학부모님들께, 선생님들께 돌 맞을 일이기도 하고 말이다. 실제로 많은 학생들의 '재수' 경험이 가능성의 확대로 작용하지 않고 그저 고통으로 끝나는 경우도 많다. 그러나 재수에 대한 생각의 프레임은 바꿀 필요가 있다. 왜냐하면 재수에 대한 프레임을 바꾼다면 재수를 해야만 하는 혹은 하고 싶은 상황이 왔을 때 '힘듦'에 지지 않고, 좌절하여 또 다른 실패로 이어지지 않고, '발전의 계기'로 삼을 수 있기 때문이다. 재수를 한다는 것은 첫 입시결과가 실패했다는 것을 의미하지만 낙담하지만 않으면 된다. 나는 재수하는 동안 힘들지만 행복했다. 내가 가진 가능성에 마침표 대신 쉼표를 찍을 수 있었기 때문이다. '재수'로 인해 선호하지 않던 학과로의 진학을 피할 수 있었고, 대신 더 높은 곳을 꿈꿀 수도 있었으며, 많은 성취감도 맛볼 수 있었고, 누군가에게 말해줄 수 있는 경험도 쌓을 수 있었다.

어쩌면 누군가는 뭔가를 이루는 가능성에 대한 즐거움과 그 가능성을 실현하기 위한 노력에 수반되는 고통은 별개가 아니냐고 물을 수도 있다. 맞는 말이다. 목표가 있었지만 재수하는 동안 고등학교 3학년 때는 상상하지도 못했던 강도의 노력과 고통이 뒤따랐다. 하지만 힘들기만 했던 것은 아니다. 기본적으로 고등학교 때보다 사용할 수 있는 시간이 많았고, 한 번 수능을 준비해봤던 만큼 마음의 여유도 있었기 때문에 그 어느 때보다 책을 많이 읽을 수 있었다. 라디오를 들으며 메마른 생활 속에서 즐거움도 느낄 수 있었다. 불행한 일 년이 될 것이라고 예상했었지만 생각보다 소소한 행복을 더 많이 느낄 수 있는 시간이었다.

재수에 대한 두려움, 거부감, 회피하고 싶은 생각을 버리길 바란다. 굳이 하지 않아도 되는 것을 할 필요는 없을지 몰라도 더 큰 목표를 위해 선택하는 것이라면 절대 나쁘지 않다. 재수에 대한 부정적인 프레임을 버리고 자신과 자신의 가능성을 바라본다면 재수를 바라보는 부정적인 시각에 휩쓸리지 않고 스스로에게 가장 좋은 선택을 할 수 있을 것이다. 송미리인

08.
이제 겨우 아침 6시, 아직 눈뜨지 않았다

혼자 도서관을 다니며 재수를 할 때 가장 많이 느낀 감정은 외로움이었다. 고등학교 3년을 내리 기숙사에서 생활하면서 24시간을 공유하며 늘 부대끼던 친구들이 있었는데 이제는 모든 것을 홀로 해결해야 했다. 가족들의 지원이 있었지만 많이 우울했던 기억이 난다.

스스로 계획표를 짜서 공부를 했고, 사람이 많이 몰리지 않는 시간대를 찾아 혼자 점심식사와 저녁식사를 했고, 너무 스트레스를 받으면 도서관에 있는 책을 읽거나 영화를 보았다. 끊임없이 내가 나 자신을 단속하는 시간이었다. 어느 누가 공부하라고 강요하지도 않았고, 졸거나 놀 때 혼내지도 않았지만 나에게 주어진 수많은 시간과 자유가 늘 막막하고 불안했다. 소속감을 느끼지 못해서, 이렇게 고생한 결과가 어떻게 될지 몰라서, 내가 잘하고 있는 것인지 아닌지 확인할 수 없어서 정신적으로 늘 긴장상태였다.

친구들에게 연락할 수도 있었다. 사실 재수생활 초기였던 2~3월에는 연락도 많이 받았고 외로움에 지친 내가 먼저 연락하기도 했다. 하지만 대부분 대학에 진학한 친구들과 나의 관심사가 확연히 달라짐을 시시각각 확인하면서 열등감을 많이 느꼈다. 전공 이야기, 교수님 이야기, 새로 만난 대학 친구들과 선배 이야기, 동아리 이야기 같은 내가 경험하지 못한 미지의 세계에 대해 여러 차례 듣고 나니 부러움과 시샘과 속상함이 뒤섞인 복잡한 마음상태가 되었다. 불과 몇 달 전까지만 해도 나와 비슷한 사람들이었는데 이제는 한참 뒤처졌다는 생각이 들었던 것이다. 아무도 없는 곳에서 엉엉 울기도 수차례였다.

어쩌면 미쳐버릴지도 모르겠다는 생각이 들 때쯤, 외부가 아닌 내 안에서 스스로 위안을 찾을 방법을 모색하기 시작했고 성공한 사람들의 전기와 흥미 있는 분야의 책들을 읽었다. 나중에 어떤 일을 하고 싶은지, 무엇을 배우고 싶은지, 어떤 사람이 되고 싶은지 고민했던 것이다. 고난과 시련을 겪은 사람들이 어떻게 극복했는지를 보면서 용기를 얻고 삶의 태도를 배울 수 있었다. 이렇게 배우고 싶은 것들이 늘어날 때마다 생기를 되찾아갔다. 특히 좋은 글귀는 메모지에 적어 따로 보관해두면서 날마다 '오늘의 명언'으로 생각하고 마인드컨트롤을 했다. 어느새 마음 근육이 단단해져서 정서적으로 불안한 상태를 조금은 벗어날 수 있었다. 그렇게 일 년 동안 고생한 결과 2010년 수능에서는 꽤 좋은 점수를 받았다.

눈물의 시간을 딛고 성장의 기회로 삼다

당연히 어디든 입학하리라는 생각으로 꽤 행복한 겨울을 맞이했다.

그런데 이게 무슨 일인가! 입학원서를 지원하는 과정에 하향지원자들이 많아지면서 높은 점수를 가지고도 두 번째 고배를 마셔야만 했던 것이다. 사실 재수는 고등학교 3학년 때 수능을 보자마자 마음을 먹었던 것이라 그래도 타격이 덜했는데, 이번에는 나도 가족들도 기대를 많이 했던지라 타격이 더욱 컸다. 이번에 빠진 감정의 수렁은 그 이전 해와는 비교도 할 수 없을 만큼 깊었다. 결국 다시 혼자서 공부할 용기를 내지 못하고 당시 성적으로 전액장학금을 받을 수 있는 학원을 찾아다니기 시작했다.

새로운 곳에서 했던 공부는 반복의 연속이었다. 지겨운 것이 사실이었지만 알고 있는 것과 안다고 착각하는 것을 구분할 줄 알게 되었으며 드디어 내가 원하던 여러 가지 피드백을 받게 되었다. 같은 고민을 공유할 수 있는 친구들이 모여 있다는 점에서 용기를 얻었고 많은 선생님들과 친구들의 신뢰를 받으면서 겸손한 마음으로 더 열심히 하게 되었다. 스스로를 긍정하는 시간이 많아졌고 가장 힘든 시기에 알게 되어 지금까지도 꾸준히 만나는 돈독한 친구를 얻을 수 있었다.

먼저 대학에 입학한 친구들보다 1년 정도 뒤처졌을 때에는 조바심이 났었는데, 아예 2년이 늦어버리니 그들과 비교하는 것을 그만두었다. 오히려 대학생인 친구들이 먼저 경험한 것들과 각자의 대학생활 노하우를 공유해주어 나는 대학생활 속에서 시행착오를 덜 겪었고 저학년일 때부터 흥미로운 일들을 많이 경험할 수 있었다.

재수와 삼수를 했던 2009년과 2010년은 내가 인생을 살아가는 태도를 만들 수 있었던 소중한 시간이다. 시련이 찾아와도 이겨낼 수 있다는 자신감과 내가 지금 가진 것에 대해 항상 감사하는 마음을 갖게 되었고, 작은 것에도 행복을 느낄 줄 알게 되었다. 롤모델이 생겼고 하고 싶은 일들을 많이 찾을 수 있었다.

인생을 80세라고 가정하고 그것을 24시간에 비유할 때, 20세는 고작 아침 6시에 불과하다. 요즘의 나라면 눈뜨기도 힘들 만큼, 아침 6시는 상당히 이른 시각이고 하루를 시작하는 때이다. 어떤 하루를 살아갈지 충분히 고민하고 계획할 수 있다. 그때 10분, 20분 늦었다고 해서 인생 전체가 뒤틀리거나 늦어지지 않는다는 것을 장담할 수 있다. 관건은 그러한 상황 속에서 얼마나 배우고 정신적으로 성장하느냐에 있다. 권소라민

:에필로그:

십대들이여, 꿈의 지도와 함께 진로를 탐하라!

이 책을 써나가면서 가장 초점을 맞춘 부분은 '공감'과 '끼어들지 않음'이었습니다. 저자들은 이 책을 읽고 있는 여러분처럼 초등학교 6년, 중학교 3년, 고등학교 3년으로 이어지는 12년 동안의 '대한민국 교육 시스템'을 겪어온 사람들입니다. 사람은 경험과 배움으로 이루어지기에 같은 시간을 지나온 우리야말로 여러분과 가깝게 공감할 수 있다고 생각했던 것입니다.

그러나 한편으로는 '독자들의 삶에 끼어들어서는 안 된다'는 생각도 동시에 들었습니다. 가장 중요한 선택은 스스로 해야 합니다. 입시, 전공 선택, 학내 활동, 취업 등 굵직한 선택의 순간뿐만 아니라 일상의 소소한 선택까지도 말이지요. 살아가면서 수많은 선택의 순간들을 만나게 되는데, 나의 의견 없이 다른 사람의 의견만을 따라간 결정은 결과가 좋을지라도 다른 길에 대한 후회가 남게 되기 마련입니다. 심지어 결과가 좋지 않을 경우 남의 탓을 하게 되지요. 그래서 더욱 조심스러웠던 것입니다.

이 책을 한마디로 말하면 삶 속에서 나아갈 방향을 찾게 해주는 '지도'라고 할 수 있습니다. 지도는 목적지를 찾기 위해 필요한 '도구'일 뿐 목적지에 도착하는 것은 자신의 선택이지요. 즉, 이 책은 독자들이 꿈과 진로를 정하는 데 도움이 되길 바라는 '조언'일 뿐, 무엇이 '옳다' 혹은 '그르다'를 단정 짓는 글이 아닙니다. '나를 완성시키는 것은 다른 누군가가 아니라 결국 자기 자신'이라는 점을 꼭 명심하기 바랍니다.

자신이 바라는 모습으로 살아가는 것이야말로 자신에게 가장 진실해지는 방법일 것입니다. 그럴 때의 높은 자존감과 기쁨, 행복감은 이루 말로 표현할 수 없습니다. 이 책을 읽고 난 후 여러분은 인생에 '진실'할 기회와 더 '행복'할 날을 선물할 수 있는 시작점에 섰다고 생각하면 됩니다. 여러분의 힘찬 발걸음을 응원합니다.

'함께하는 교육, 100년의 약속'을 위한
행복 교육 프로젝트

No.01 김성효 글 | 홍종남 기획

학급경영 멘토링

No.02 김성효 글 | 홍종남 기획

기적의 수업 멘토링

No.03 이경원 글 | 홍종남 기획

교육과정 콘서트

No.04 김성효 글 | 홍종남 기획

행복한 진로교육 멘토링

No.05 이성대 외 글 | 홍종남 기획

프로젝트 수업,
교육과정을 만나다

No.06 이성대 글 | 홍종남 기획

혁신학교,
행복한 배움을 꿈꾸다

No.07 정민수 글 | 홍종남 기획

수업도시락,
성찰과 협력을 담다

No.08 조정래 글 | 홍종남 기획

스토리텔링 교육의
모든 것

No.09 최무연 글 | 홍종남 기획

나는 수업하러 학교에
간다

No.10 정민수 글 | 홍종남 기획

수업성숙도,
교사의 강점을 담다

No.11 이현정 외 글 | 홍종남 기획

프로젝트 수업,
배움을 디자인하다

No.12 김진수 글 | 홍종남 기획

행복한 수업을 위한
독서교육 콘서트

No.13 이성대 글

배움이 없는 학교,
프레임을 바꿔라

No.14 최무연 글 | 홍종남 기획

수업은 기획이다

No.15 정선아 글 | 홍종남 기획

교사는 아이들과 함께
성장한다

No.16 하건예 글 | 홍종남 기획

교사, 교육전문가로
성장하다

No.17 이경원 글 | 홍종남 기획

교사의 탄생

No.18 김경훈 글 | 홍종남 기획

토의토론수업,
배움을 디자인하다

행복한미래

함께하는 교육, 100년의 약속